Bearbeitungen dieses Stücks wurden häufig auch genutzt, um aktuelle politische Ereignisse und Entwicklungen zu kommentieren und zu kritisieren. In der Novelle *Die Lady Macbeth von Mzensk* (1865), die die Vorlage zu Shostakovics gleichnamiger Oper (1930–1932) lieferte, transponierte N. Leskov die Titelfigur in einer sehr freien Version in das Russland des 19. Jh.s, während B. Garson die Grundsituationen von Shakespeares Tragödie in *MacBird* (1966), einer Satire, im Zusammenhang des Vietnamkriegs zu einer Attacke auf den amerikanischen Präsidenten und seine Gattin nutzte. Verdis Opernfassung (1847 und 1865), seine erste Shakespeare-Vertonung, wird vor allem der beklemmend düsteren Atmosphäre und den phantastisch-unheimlichen Aspekten des schottischen Gewissensdramas gerecht. Unter den zahlreichen Verfilmungen ragen die von Orson Welles (1948), Akira Kurosawa (*Throne of Blood*, 1957) und Roman Polanski (1971) heraus.

Manfred Pfister / Rebekka Rohleder

Aus: Kindlers Literatur Lexikon. 3., völlig neu bearbeitete Auflage. Herausgegeben von Heinz Ludwig Arnold (ISBN 978-3-476-04000-8). – © der deutschsprachigen Originalausgabe 2009 J. B. Metzler'sche Verlagsbuchhandlung und Carl Ernst Poeschel Verlag, Stuttgart (in Lizenz der Kindler Verlag GmbH).

William Shakespeare

König Lear

Aus dem Englischen von
Wolf Graf Baudissin

Macbeth

Aus dem Englischen von
Dorothea Tieck

Dramen

Fischer Taschenbuch Verlag

Veröffentlicht im Fischer Taschenbuch Verlag,
einem Unternehmen der S. Fischer Verlag GmbH,
Frankfurt am Main, Februar 2009

Für diese Ausgabe:
© S. Fischer Verlag GmbH, Frankfurt am Main 2009
Satz: MedienTeam Berger, Ellwangen
Druck und Bindung: Clausen & Bosse, Leck
Printed in Germany
ISBN 978-3-596-90149-4

Unsere Adressen im Internet:
www.fischerverlage.de
www.fischer-klassik.de

Inhalt

König Lear

7

Macbeth

123

Editorische Notiz

207

Daten zu Leben und Werk

209

Aus Kindlers Literatur Lexikon:

William Shakespeare,
›König Lear‹

213

William Shakespeare,
›Macbeth‹

219

KÖNIG LEAR

Personen

LEAR, König von Britannien
König von FRANKREICH
Herzog von BURGUND
Herzog von CORNWALL
Herzog von ALBANIEN
Graf von GLOSTER
Graf von KENT
EDGAR, Glosters Sohn
EDMUND, Glosters Bastard
CURAN, ein Höfling
Ein ARZT
Der NARR
OSWALD, Gonerils Haushofmeister
Ein HAUPTMANN
Ein EDELMANN im Gefolge der Cordelia
Ein HEROLD
Ein ALTER MANN, Glosters Pachter
Bediente von Cornwall

GONERIL
REGAN   } Lears Töchter
CORDELIA

Ritter im Gefolge des Königs,
Offiziere, Boten, Soldaten und Gefolge

Die Szene ist in Britannien

Erster Aufzug

KENT: Ich dachte, der König sei dem Herzog von Albanien gewogener, als dem von Cornwall.

GLOSTER: So schien es uns immer; doch jetzt, bei der Teilung des Reichs, zeigt sich's nicht, welchen der beiden Herzoge er höher schätzt. Denn so gleichmäßig sind die Teile abgewogen, daß die genaueste Forschung selbst sich für keine der Hälften entscheiden könnte.

KENT: Ist das nicht Euer Sohn, Mylord?

GLOSTER: Seine Erziehung ist mir zur Last gefallen: ich mußte so oft erröten, ihn anzuerkennen, daß ich nun dagegen gestählt bin.

KENT: Ich verstehe Euch nicht.

GLOSTER: Seine Mutter und ich verstanden uns nur zu gut, und dies Einverständnis verschaffte ihr früher einen Sohn für ihre Wiege, als einen Mann für ihr Bett. Merkt Ihr was von einem Fehltritt?

KENT: Ich kann den Fehltritt nicht ungeschehen wünschen, da der Erfolg davon so anmutig ist.

GLOSTER: Doch habe ich auch einen rechtmäßigen Sohn, einige Jahre älter als dieser, den ich aber darum nicht höher schätze. Obgleich dieser Schelm etwas vorwitzig in die Welt kam, eh' er gerufen ward, so war doch seine Mutter schön, es ging lustig her bei seinem Entstehen, und der Bankert durfte nicht verleugnet werden. Kennst du diesen edeln Herrn, Edmund?

EDMUND: Nein, Mylord.

GLOSTER: Mylord von Kent: gedenke sein hinfort als meines geehrten Freundes!

EDMUND: Mein Dienst sei Euer Gnaden gewidmet.

KENT: Ich muß Euch lieben und bitte um Eure nähere Bekannt-
schaft.

EDMUND: Ich werde sie zu verdienen suchen.

GLOSTER: Er war neun Jahre im Auslande, und soll wieder fort.
Der König kommt! *(Man hört Trompeten)*
(König Lear, Cornwall, Albanien, Goneril, Regan, Cordelia
und Gefolge treten auf)

LEAR: Führt ein die Herrn von Frankreich und Burgund, Gloster!

GLOSTER: Sehr wohl, mein König! *(Gloster und Edmund ab)*

LEAR: Derweil enthüll'n wir den verschwiegnen Vorsatz.
Die Karte dort! – Wißt, daß wir unser Reich
Geteilt in drei. 'S ist unser fester Schluß,
Von unserm Alter Sorg' und Müh' zu schütteln,
Sie jüngrer Kraft vertrauend, während wir
Zum Grab entbürdet wanken. Sohn von Cornwall,
Und Ihr, gleich sehr geliebter Sohn Albanien,
Wir sind jetzund gewillt, bekannt zu machen
Der Töchter festbeschiedne Mitgift, daß
Wir künft'gem Streite so begegnen. –
Die Fürsten Frankreich und Burgund, erhabne
Mitwerber um der jüngern Tochter Gunst,
Verweilten lange hier in Liebeswerbung
Und harr'n auf Antwort. – Sagt mir, meine Töchter
(Da wir uns jetzt entäußern der Regierung,
Des Landbesitzes und der Staatsgeschäfte), –
Welche von euch liebt uns nun wohl am meisten?
Daß wir die reichste Gabe spenden, wo
Verdienst sie und Natur heischt. Goneril,
Du Erstgeborne, sprich zuerst!

GONERIL: Mein Vater,
Mehr lieb' ich Euch, als Worte je umfassen,
Weit inniger als Licht und Luft und Freiheit,
Weit mehr, als was für reich und selten gilt,

Wie Schmuck des Lebens, Wohlsein, Schönheit, Ehre,
Wie je ein Kind geliebt, ein Vater Liebe fand.
Der Atem dünkt mich arm, die Sprache stumm,
Weit mehr als alles das lieb' ich Euch noch.

CORDELIA *(beiseit)*:
Was sagt Cordelia nun? Sie liebt und schweigt.

LEAR: All dies Gebiet, von dem zu jenem Strich,
An schatt'gen Forsten und Gefilden reich,
An vollen Strömen und weit grünen Triften,
Beherrsche du: dir und Albaniens Stamm
Sei dies auf ewig! Was sagt unsre zweite Tochter,
Die teure Regan, Cornwalls Gattin? Sprich!

REGAN: Ich bin vom selben Stoff wie meine Schwester
Und schätze mich ihr gleich. Mein treues Herz
Fühlt, all mein Lieben hat sie Euch genannt;
Nur bleibt sie noch zurück: denn ich erkläre
Mich als die Feindin jeder andern Lust,
Die in der Sinne reichstem Umkreis wohnt,
Und fühl' in Eurer teuren Hoheit Liebe
Mein einzig Glück.

CORDELIA *(beiseit)*: Arme Cordelia dann! –
Und doch nicht arm; denn meine Lieb', ich weiß,
Wiegt schwerer als mein Wort.

LEAR: Dir und den Deinen bleib' als Erb' auf immer
Dies zweite Dritteil unsers schönen Reichs,
An Umfang, Wert und Anmut minder nicht,
Als was ich Gon'ril gab. Nun unsre Freude,
Du jüngste, nicht geringste, deren Liebe
Die Weine Frankreichs und die Milch Burgunds
Nachstreben; was sagst du, dir zu gewinnen
Ein reichres Dritteil als die Schwestern? Sprich!

CORDELIA: Nichts, gnäd'ger Herr!

LEAR: Nichts?

CORDELIA: Nichts.

LEAR: Aus nichts kann nichts entstehn: sprich noch einmal!

CORDELIA: Ich Unglücksel'ge, ich kann nicht mein Herz
    Auf meine Lippen heben; ich lieb' Eu'r Hoheit,
    Wie's meiner Pflicht geziemt, nicht mehr, nicht minder.
LEAR: Wie? Wie? Cordelia! Beßre deine Rede,
    Sonst schad'st du deinem Glück!
CORDELIA: Mein teurer Herr,
    Ihr zeugtet, pflegtet, liebtet mich; und ich
    Erwidr' Euch diese Wohltat, wie ich muß,
    Gehorch' Euch, lieb' Euch und verehr' Euch hoch.
    Wozu den Schwestern Männer, wenn sie sagen,
    Sie lieben Euch nur? Würd' ich je vermählt,
    So folgt dem Mann, der meinen Schwur empfing,
    Halb meine Treu', halb meine Lieb' und Pflicht.
    Gewiß, nie werd' ich frein wie meine Schwestern,
    Den Vater nur allein zu lieben.
LEAR: Und kommt dir das von Herzen?
CORDELIA: Ja, mein Vater!
LEAR: So jung und so unzärtlich?
CORDELIA: So jung, mein Vater, und so wahr.
LEAR: Sei's drum! Nimm deine Wahrheit dann zur Mitgift:
    Denn bei der Sonne heil'gem Strahlenkreis,
    Bei Hekates Verderben, und der Nacht,
    Bei allen Kräften der Planetenbahn,
    Durch die wir leben und dem Tod verfallen,
    Sag' ich mich los hier aller Vaterpflicht,
    Aller Gemeinsamkeit und Blutsverwandtschaft,
    Und wie ein Fremdling meiner Brust und mir
    Sei du von jetzt auf ewig! Der rohe Scythe,
    Ja, der die eignen Kinder macht zum Fraß,
    Zu sätt'gen seine Gier, soll meinem Herzen
    So nah stehn, gleichen Trost und Mitleid finden,
    Als du, mein weiland Kind.
KENT: O edler König!
LEAR: Schweig', Kent!
    Tritt zwischen den Drachen nicht und seinen Grimm;

Sie war mein Liebling, und ich hofft' auf Trost
Von ihrer sanften Pflege. Fort! mir aus den Augen! –
Sei Friede so mein Grab, als ich von ihr
Mein Vaterherz losreiße! – Ruft mir Frankreich!
Wer rührt sich? Ruft Burgund! – Ihr, Cornwall und Albanien,
Zu meiner Töchter Mitgift schlagt dies Dritteil! –
Stolz, den sie Gradheit nennt, vermähle sie!
Euch beide kleid' ich hier in meine Macht,
Vorrang der Würd' und allerhöchsten Glanz,
Der Majestät umgibt. Wir, nach der Monde Lauf,
Mit Vorbehalt allein von hundert Rittern,
Die ihr erhaltet, wohnen dann bei euch,
Nach Ordnung wechselnd. Wir bewahren nur
Den Namen und des Königs Ehrenrecht; –
Die Macht,
Verwaltung, Rent' und alle Staatsgewalt,
Geliebte Söhn', ist euer. Des zum Zeugnis
Teilt diesen goldnen Reif!

KENT: Erhabner Lear,
    Den ich als meinen König stets geehrt,
    Geliebt als Vater, und als Herrn begleitet,
    Als höchsten Hort einschloß in mein Gebet, –

LEAR: Der Bogen ist gespannt, entflieh' dem Pfeil! –

KENT: Er falle nur, ob auch die Spitze
    Ins Herz mir bohrt: Sei Kent nur ohne Sitte,
    Wenn Lear verrückt! Was tust du, alter Mann?
    Meinst du, daß Pflicht zu reden scheut, weil Macht
    Zum Schmeicheln sinkt? – Die Ehre fordert Gradheit,
    Wenn Kön'ge töricht werden. Bleibe Herrscher,
    Und mit der besten Überlegung hemme
    Die frevle Eil'! Mit meinem Leben bürg' ich,
    Die jüngre Tochter liebt dich minder nicht,
    Noch ist der ohne Herz, des schwacher Klang
    Nicht Hohlheit widertönt.

LEAR: Schweig', Kent, bei deinem Leben!

KENT: Mein Leben galt mir stets nur als ein Pfand,
  Zu wagen gegen deinen Feind; gern opfr’ ich’s
  Für deine Wohlfahrt.
LEAR: Aus den Augen mir!
KENT: Sieh besser, Lear, und laß mich immer bleiben
  Den Zielpunkt deines Auges!
LEAR: Nun, beim Apoll! –
KENT: Nun, beim Apollo, König,
  Du rufst vergeblich deine Götter an.
LEAR: O Sklav’! – Abtrünn’ger! *(Legt die Hand ans Schwert)*
ALBANIEN UND CORNWALL: Teurer Herr, laß ab! –
KENT: Tu’s, töte deinen Arzt und gib den Lohn
  Der schnöden Krankheit! Nimm zurück die Schenkung,
  Sonst, bis der Kehle Kraft versagt zu schrein,
  Sag’ ich dir, du tust Unrecht.
LEAR: Höre mich,
  Rebell, bei deiner Lehnspflicht, höre mich!
  Weil du zum Wortbruch uns verleiten wolltest
  (Den wir noch nie gewagt) und stolz verwegen
  Dich drängtest zwischen unsern Spruch und Thron
  (Was unser Blut und Rang nicht dulden darf),
  Sprech’ ich als Herrscher jetzt; – nimm deinen Lohn!
  Fünf Tage gönnen wir, dich zu versehn
  Mit Schirmung vor des Lebens Ungemach:
  Am sechsten kehrst du den verhaßten Rücken
  Dem Königreich, und weilt am zehnten Tag
  In unserm Lande dein verbannter Leib,
  So ist’s dein Tod. Hinweg! Bei Jupiter,
  Dies widerruf’ ich nicht.
KENT: So leb’ denn wohl, Fürst! Zeigst du so dich, Lear,
  Lebt Freiheit auswärts und Verbannung hier.
  Dir, Jungfrau, sei’n die Götter mächt’ger Hort,
  Die richtig denkt und sprach das rechte Wort!
  Eu’r breites Reden sei durch Tat bewährt!
  Daß Liebeswort willkommne Frucht gebärt!

Fahrt wohl, ihr Fürsten all': Kent muß von hinnen,
Im neuen Land ein Schicksal zu gewinnen. *(Er geht ab)*
(Gloster kommt zurück mit Frankreich, Burgund und Gefolge)
GLOSTER: Hier sind Burgund und Frankreich, hoher Herr!
LEAR: Fürst von Burgund,
 Zu Euch erst sprech' ich, der mit diesem König
 Um unsre Tochter warb. Was als das Mind'ste
 Erwartet Ihr als Mitgift, oder steht
 Von Euerm Antrag ab?
BURGUND: Erhabner König,
 Mir g'nügt, was Ihr freiwillig habt geboten,
 Und minder gebt Ihr nicht.
LEAR: Mein würd'ger Herzog,
 Als sie uns wert war, schätzten wir sie so;
 Nun ist ihr Preis gesunken. Seht, da steht sie:
 Wenn etwas an der kleinen, schmucken Larve
 Oder sie ganz mit unserm Zorn dazu,
 Und weiter nichts, Eu'r Hoheit noch gefällt,
 So nehmt sie, sie ist Eu'r.
BURGUND: Mir fehlt die Antwort.
LEAR: Herr!
 Wollt Ihr mit allen Mängeln, die ihr eigen,
 Freundlos und neuverschwistert unserm Haß,
 Zur Mitgift Fluch, durch Schwur von uns entfremdet,
 Sie nehmen oder lassen?
BURGUND: Herr, verzeiht,
 Mit der Bedingung endigt jede Wahl.
LEAR: So laßt sie; bei der Macht, die mich erschuf,
 Ich nannt' Euch all' ihr Gut.
     (Zu Frankreich) Ihr, großer König, –
 Nicht so weit möcht' ich Eurer Lieb' entwandern,
 Euch zu vermählen, wo ich hasse. Lenkt
 Zu besserm Ziel, ich bitt' Euch, Eure Wünsche,
 Als auf dies Wesen, das Natur errötet
 Anzuerkennen.

FRANKREICH: Wahrlich, dies ist seltsam! –
Daß sie, die eben noch Eu'r Kleinod war,
Der Inhalt Eures Lobs, Balsam des Alters,
Eu'r Bestes, Teuerstes, in diesem Nu
So Unerhörtes tat, ganz zu zerreißen
Solch reichgewebte Gunst! Traun, ihr Vergehn
Muß unnatürlich, ungeheuer sein,
Oder die Liebe, deren Ihr Euch rühmtet,
Ist tadelnswert. So schlimm von ihr zu denken,
Heischt Glauben, wie Vernunft ihn ohne Wunder
Mir nimmer einimpft.

CORDELIA: Dennoch bitt' ich, Herr
(Ermangl' ich auch der schlüpfrig glatten Kunst,
Zu reden nur zum Schein: denn, was ich ernstlich will,
Vollbring' ich, eh' ich's sage), daß Ihr zeugt,
Es sei kein schnöder Makel, Mord noch Schmach,
Kein zuchtlos Tun, noch ehrvergeßner Schritt,
Der mir geraubt hat Eure Gnad' und Huld.
Nur, weil mir fehlt, – wodurch ich reicher bin, –
Ein stets begehrend Aug' und eine Zunge,
Die ich mit Stolz entbehr', obgleich ihr Mangel
Mir Euern Beifall raubte.

LEAR: Besser wär's,
Du lebtest nicht, als mir zur Kränkung leben!

FRANKREICH: Ist es nur das? Ein Zaudern der Natur,
Das oft die Tat unausgesprochen läßt,
Die es zu tun denkt? – Herzog von Burgund,
Was sagt Ihr zu der Braut? Lieb' ist nicht Liebe,
Wenn sie vermengt mit Rücksicht, die seitab
Vom wahren Ziel sich wendet. Wollt Ihr sie?
Sie selbst ist ihre Mitgift.

BURGUND: Hoher Lear,
Gebt mir den Anteil, den Ihr selbst bestimmt,
Und hier nehm' ich Cordelia bei der Hand
Als Herzogin Burgunds.

LEAR: Nichts! Ich beschwor's, ich bleibe fest.

BURGUND: Dann tut mir's leid, daß Ihr zugleich den Vater
    Verliert und den Gemahl.

CORDELIA: Fahr' hin, Burgund! –
    Da Wunsch nur nach Besitz sein Lieben ist,
    Werd' ich nie seine Gattin.

FRANKREICH: Schönste Cordelia, du bist arm höchst reich;
    Verbannt höchst wert; verachtet höchst geliebt! –
    Dich nehm' ich in Besitz und deinen Wert:
    Gesetzlich sei, zu nehmen, was man wegwarf.
    Wie seltsam, Götter! Meiner Liebe Glühn
    Und Ehrfurcht muß aus kaltem Hohn erblühn.
    Sie mußte Erb' und Glück bei dir verlieren,
    Um über uns und Frankreich zu regieren.
    Kein Herzog von Burgunds stromreichen Auen
    Erkauft von mir die teuerste der Frauen!
    Den Harten gib ein mildes Abschiedswort:
    Das Hier verlierst du für ein beßres Dort.

LEAR: Du hast sie, Frankreich: sie sei dein; denn nie
    Hatt' ich solch Kind, und nimmer grüße sie
    Mein altes Auge mehr! Folg' deinen Wegen
    Ohn' unsre Lieb' und Gunst, ohn' unsren Segen!
    Kommt, edler Fürst Burgund!

(Trompetengetön. Lear, Burgund, Cornwall, Albanien, Gloster
und Gefolge gehen ab)

FRANKREICH: Sag deinen Schwestern Lebewohl!

CORDELIA *(beiseit)*:
    Des Vaters Edelsteinen! – *(Laut)* Nassen Blicks
    Verläßt Cordelia euch. *(Beiseit)* Ich kenn' euch wohl,
    Und nenn' als Schwester eure Fehler nicht
    Beim wahren Namen. *(Laut)* Liebt denn unsern Vater,
    Ich leg' ihn euch ans vielberedte Herz: –
    (Beiseit) Doch ach, wär' ich ihm lieb noch wie vor Zeiten,
    Wollt' ich ihm einen bessern Platz bereiten.
    (Laut) So lebt denn beide wohl!

REGAN: Lehr' uns nicht unsre Pflichten!

GONERIL: Dem Gemahl
Such' zu genügen, der als Glücksalmosen
Dich aufnahm! Du verschmähst der Liebe Band,
Mit Recht entzieht sich dir, was du verkannt.

CORDELIA: Was List verborgen, wird ans Licht gebracht,
Wer Fehler schminkt, wird einst mit Spott verlacht.
Es geh' euch wohl!

FRANKREICH: Komm, liebliche Cordelia!
(Frankreich und Cordelia gehen ab)

GONERIL: Schwester, ich habe nicht wenig zu sagen, was uns beide sehr nahe angeht. Ich denke, unser Vater will heut abend fort.

REGAN: Ja, gewiß, und zu dir; nächsten Monat zu uns.

GONERIL: Du siehst, wie launisch sein Alter ist; was wir darüber beobachten konnten, war bedeutend. Er hat immer unsere Schwester am meisten geliebt, und mit wie armseligem Urteil er sie jetzt verstieß, ist zu auffallend.

REGAN: 'S ist die Schwäche seines Alters: doch hat er sich von jeher nur obenhin gekannt

GONERIL: Schon in seiner besten und kräftigsten Zeit war er zu hastig: wir müssen also von seinen Jahren nicht nur die Unvollkommenheiten längst eingewurzelter Gewohnheiten erwarten, sondern außerdem noch den störrischen Eigensinn, den gebrechliches und reizbares Alter mit sich bringt.

REGAN: Solch haltungsloses Auffahren wird uns nun auch bevorstehen, wie diese Verbannung Kents.

GONERIL: Dergleichen Abschiedskomplimente wird's noch mehr geben, wie zwischen Frankreich und ihm: bitt' Euch, laßt uns zusammenhalten: Behauptet unser Vater sein Ansehn mit solchen Gesinnungen, so wird jene letzte Übertragung seiner Macht uns nur zur Kränkung.

REGAN: Wir wollen es weiter überlegen.

GONERIL: Es muß etwas geschehen, und in der ersten Hitze.
(Sie gehn ab)

Zweite Szene

SCHLOSS DES GRAFEN GLOSTER
Edmund mit einem Briefe

EDMUND: Natur, du meine Göttin! Deiner Satzung
Gehorch' ich einzig. Weshalb sollt' ich dulden
Die Plagen der Gewohnheit und gestatten,
Daß mich der Völker Eigensinn enterbt,
Weil ich ein zwölf, ein vierzehn Mond' erschien
Nach einem Bruder? – Was Bastard? Weshalb unecht?
Wenn meiner Glieder Maß so stark gefügt,
Mein Sinn so frei, so adlig meine Züge,
Als einer Eh'gemahlin Frucht? Warum
Mit unecht uns brandmarken? Bastard? Unecht?
Uns, die im heißen Diebstahl der Natur
Mehr Stoff empfahn und kräft'gern Feuergeist,
Als in verdumpftem, trägem, schalem Bett
Verwandt wird auf ein ganzes Heer von Tröpfen,
Halb zwischen Schlaf gezeugt und Wachen? Drum,
Echtbürt'ger Edgar! Mein wird noch dein Land: –
Des Vaters Liebe hat der Bastard Edmund
Wie der Echtbürt'ge. Schönes Wort: echtbürtig!
Wohl, mein Echtbürt'ger, wenn dies Brieflein wirkt
Und mein Erfinden glückt, stürzt den Echtbürt'gen
Der Bastard Edmund. Ich gedeih', ich wachse!
Nun, Götter, schirmt Bastarde! –
                           (Gloster kommt)
GLOSTER: Kent so verbannt ! – Frankreich im Zorn gegangen!
Der König fort zu Nacht! – Der Kron' entsagt! –
Beschränkt auf Unterhalt! – Und alles das
Im Nu! – Edmund! Was gibt's? Was hast du Neues?
EDMUND *(steckt den Brief ein)*: Verzeih' Euer Gnaden, nichts.
GLOSTER: Warum steckst du so eilig den Brief ein? –
EDMUND: Ich weiß nichts Neues, Mylord.
GLOSTER: Was für ein Blatt lasest du?

EDMUND: Nichts, Mylord.

GLOSTER: Nichts? – Wozu denn die erschreckliche Eil' damit in deine Tasche? – Ein eigentliches Nichts bedarf keiner solchen Hast, sich zu verstecken. Laß sehn! Gib! Wenn es Nichts ist, brauche ich keine Brille.

EDMUND: Ich bitte, Herr, verzeiht; es ist ein Brief meines Bruders, den ich noch nicht ganz durchgesehen, und so weit ich bis jetzt las, finde ich den Inhalt nicht für Eure Durchsicht geeignet.

GLOSTER: Gib mir den Brief, sag' ich!

EDMUND: Ich werde Unrecht tun, ich mag ihn geben oder behalten. Der Inhalt, so weit ich ihn verstehe, ist zu tadeln.

GLOSTER: Laß sehn, laß sehn!

EDMUND: Ich hoffe zu meines Bruders Rechtfertigung, er schrieb dies nur als Prüfung und Versuchung meiner Tugend.

GLOSTER *(liest)*: »Dieses Herkommen, diese Ehrfurcht vor dem Alter verbittert uns die Welt für unsre besten Jahre; entzieht uns unser Vermögen, bis unsre Hinfälligkeit es nicht mehr genießen kann. Ich fange an, eine alberne, törichte Sklaverei in diesem Druck bejahrter Tyrannei zu finden, die da herrscht, nicht weil sie Macht hat, sondern weil man sie duldet. Komm zu mir, daß ich weiter hierüber rede! Wenn unser Vater schlafen wollte, bis ich ihn weckte, solltest du für immer die Hälfte seiner Einkünfte genießen und der Liebling sein deines Bruders Edgar.« – Hum! – Verschwörung! – »Schlafen wollte, bis ich ihn weckte, – die Hälfte seiner Einkünfte genießen,« – mein Sohn Edgar! Hatte er eine Hand, dies zu schreiben? ein Herz und ein Gehirn, dies auszubrüten? Wann bekamst du dies? Wer brachte dir's?

EDMUND: Es ward mir nicht gebracht, Mylord, das ist die Feinheit; ich fand's durch das Fenster meines Zimmers geworfen.

GLOSTER: Du erkennst deines Bruders Handschrift?

EDMUND: Wäre der Inhalt gut, Mylord, so wollte ich darauf schwören; aber, wenn ich auf diesen sehe, so möchte ich lieber glauben, sie sei es nicht.

GLOSTER: Es ist seine Hand.

EDMUND: Sie ist's, Mylord, aber ich hoffe, sein Herz ist dem Inhalte fern.

GLOSTER: Hat er dich nie zuvor über diesen Punkt ausgeforscht?

EDMUND: Niemals, Mylord; doch habe ich ihn oft behaupten hören, wenn Söhne in reifen Jahren und die Väter auf der Neige ständen, dann sei von Rechtswegen der Vater des Sohnes Mündel, und der Sohn Verwalter des Vermögens.

GLOSTER: O Schurke, Schurke! – Völlig der Sinn seines Briefes! – Verruchter Bube! Unnatürlicher, abscheulicher, viehischer Schurke! Schlimmer als viehisch – Geh gleich, such' ihn auf, ich will ihn festnehmen. – Verworfner Bösewicht! – Wo ist er? –

EDMUND: Ich weiß es nicht genau, Mylord. Wenn es Euch gefiele, Euren Unwillen gegen meinen Bruder zurückzuhalten, bis Ihr ihm ein beßres Zeugnis seinerAbsichten entlocken könnt, so würdet Ihr sicherer gehen; wollt Ihr aber gewaltsam gegen ihn verfahren, und hättet Euch in seiner Absicht geirrt, so würde es Eure Ehre tödlich verwunden und das Herz seines Gehorsams zertrümmern. Ich möchte mein Leben für ihn zum Pfande setzen, daß er dies geschrieben hat, um meine Ergebenheit gegen Euch, Mylord, auf die Probe zu stellen, ohne eine gefährliche Absicht.

GLOSTER: Meinst du?

EDMUND: Wenn's Eu'r Gnaden genehm ist, stell' ich Euch an einen Ort, wo Ihr uns darüber reden hören und Euch durch das Zeugnis Eures eignen Ohrs Gewißheit verschaffen sollt; und das ohne Verzug, noch diesen Abend.

GLOSTER: Er kann nicht solch ein Ungeheuer sein.

EDMUND: Und ist's gewiß nicht.

GLOSTER: Gegen seinen Vater, der ihn so ganz, so zärtlich liebt! Himmel und Erde! Edmund, such' ihn auf! – Forsche mir ihn aus, ich bitte dich, führe das Geschäft nach deiner eignen Klugheit: ich könnte nicht Vater sein, wenn ich hierzu die nötige Entschlossenheit besäße.

EDMUND: Ich will ihn sogleich aufsuchen, Mylord, die Sache fördern, wie ich's vermag, und Euch von allem Nachricht geben.

GLOSTER: Jene letzten Verfinsterungen an Sonne und Mond weissagen uns nichts Gutes. Mag die Wissenschaft der Natur sie so oder anders auslegen, die Natur empfindet ihre Geißel an den Wirkungen, die ihnen folgen: Liebe erkaltet, Freundschaft fällt ab, Brüder entzweien sich; in Städten Meuterei, auf dem Lande Zwietracht, in Palästen Verrat; das Band zwischen Sohn und Vater zerrissen: dieser mein Bube bestätiget diese Vorzeichen; da ist Sohn gegen Vater. Der König weicht aus dem Gleise der Natur, da ist Vater gegen Kind. Wir haben das Beste unsrer Zeit gesehn: Ränke, Herzlosigkeit, Verrat und alle zerstörenden Umwälzungen folgen uns rastlos bis an unser Grab. Erforsche mir den Buben, Edmund, es soll dein Schade nicht sein; tu's mit allem Eifer! Und der edle, treugeherzte Kent verbannt! Sein Verbrechen, Redlichkeit! – Seltsam, seltsam! – *(Geht ab)*

EDMUND: Das ist die ausbündige Narrheit dieser Welt, daß, wenn wir an Glück krank sind – oft durch die Übersättigung unsres Wesens –, wir die Schuld unsrer Unfälle auf Sonne, Mond und Sterne schieben, als wenn wir Schurken wären durch Notwendigkeit; Narren durch himmlische Einwirkung; Schelme, Diebe und Verräter durch die Übermacht der Sphären; Trunkenbolde, Lügner und Ehebrecher durch erzwungene Abhängigkeit von planetarischem Einfluß; und alles, worin wir schlecht sind, durch göttlichen Anstoß. Eine herrliche Ausflucht für den Lüderlichen, seine hitzige Natur den Sternen zur Last zu legen! – Mein Vater ward mit meiner Mutter einig unterm Drachenschwanz, und meine Nativität fiel unter *ursa major;* und so folgt denn, ich müsse rauh und verbuhlt sein. Ei was, ich wäre geworden, was ich bin, wenn auch der jungfräulichste Stern am Firmament auf meine Bastardisierung geblinkt hätte. Edgar, –

(Edgar tritt auf)

Und husch ist er da, wie die Katastrophe in der alten Komödie. Mein Stichwort ist »spitzbübische Melancholei« und ein
Seufzer wie Thoms aus Bedlam. – Oh, diese Verfinsterungen
deuten diesen Zwiespalt! Fa, sol, la, mi –

EDGAR: Wie geht's, Bruder Edmund? In was für tiefsinnigen Be-
trachtungen?

EDMUND: Ich sinne, Bruder, über eine Weissagung, die ich dieser
Tage las, was auf diese Verfinsterungen folgen werde!

EDGAR: Gibst du dich mit solchen Dingen ab?

EDMUND: Ich versichere dich, die Wirkungen, von denen er
schreibt, treffen leider ein! – Unnatürlichkeit zwischen Vater
und Kind, – Tod, Teuerung, Auflösung alter Freundschaft, Spal-
tung im Staat, Drohungen und Verwünschungen gegen König
und Adel, grundloses Mißtrauen, Verbannung von Freunden,
Auflösung des Heers, Trennung der Ehen und was noch alles!

EDGAR: Seit wann gehörst du zur astronomischen Sekte?

EDMUND: Wann sahst du meinen Vater zuletzt?

EDGAR: Nun, gestern abend.

EDMUND: Sprachst du mit ihm?

EDGAR: Ja, zwei volle Stunden.

EDMUND: Schiedet ihr in gutem Vernehmen? Bemerktest du
kein Mißfallen an ihm in Worten oder Mienen? –

EDGAR: Durchaus nicht.

EDMUND: Besinne dich, womit du ihn beleidigt haben könntest, und ich bitte dich, meide seine Gegenwart, bis eine kurze
Zwischenzeit die Hitze seines Zorns abgekühlt hat, der jetzt
so in ihm wütet, daß ihn kaum eine Mißhandlung an deiner
Person besänftigen würde.

EDGAR: Irgend ein Schurke hat mich angeschwärzt!

EDMUND: Das fürcht' ich auch. Ich bitte dich, weiche ihm sorg-
fältig aus, bis die Heftigkeit seines Ingrimms nachläßt, und,
wie gesagt, verbirg dich bei mir in meinem Zimmer, wo ich's
einrichten will, daß du den Grafen reden hören sollst. Ich bitte
dich, geh, hier ist mein Schlüssel. Wagst du dich hervor, so geh
bewaffnet!

EDGAR: Bewaffnet, Bruder?

EDMUND: Bruder, ich rate dir dein Bestes: geh bewaffnet: ich will nicht ehrlich sein, wenn man Gutes gegen dich im Schilde führt. Ich habe dir nur schwach angedeutet, was ich sah und hörte; längst noch nicht, – wie entsetzlich die Wirklichkeit ist. Bitte dich, fort! –

EDGAR: Werd' ich bald von dir hören?

EDMUND: Zähle auf mich in dieser Sache!   *(Edgar geht ab)*
  Ein gläub'ger Vater und ein edler Bruder,
  So fern von allem Unrecht, daß er nie
  Argwohn gekannt, des dumme Ehrlichkeit
  Mir leichtes Spiel gewährt! Ich seh' den Ausgang:
  Wenn nicht Geburt, schafft List mir Land und Leute;
  Und was mir nützt, das acht' ich gute Beute. *(Er geht ab)*

Dritte Szene
VOR DEM PALAST DES HERZOGS VON ALBANIEN
Goneril und der Haushofmeister

GONERIL: Schlug mein Vater meinen Diener, weil er seinen Narren schalt?

HAUSHOFMEISTER: Ja, gnäd'ge Frau!

GONERIL:
  Bei Tag und Nacht! er kränkt mich! – Jede Stunde
  Bricht er hervor mit der und jener Unbill,
  Die uns verstimmt und stört: ich duld' es nicht.
  Die Ritter werden frech, er selber schilt
  Um jeden Tand. Wenn er vom Jagen kommt,
  Will ich ihn jetzt nicht sehn; sag, ich sei krank.
  Wenn Ihr in Eurem Dienst saumsel'ger werdet,
  So tut Ihr recht; die Schuld nehm' ich auf mich.
                    (Trompeten)

HAUSHOFMEISTER:
  Jetzt kommt er, gnäd'ge Frau, ich hör' ihn schon.

GONERIL: Zeigt ihm so träge Lässigkeit ihr wollt,
Du und die andern; ich wollt', es käm' zur Sprache.
Wenn's ihm mißfällt, so zieh' er hin zur Schwester,
Die darin, weiß ich, einig ist mit mir,
Und sich nicht meistern läßt. Der greise Tor,
Der immer noch die Macht behaupten will,
Die er verschenkt hat! Nun, bei meinem Leben,
Das Alter kehrt zur Kindheit, und es braucht
Der strengen Zucht, wenn Güte ward mißbraucht.
Merk' dir, was ich gesagt! –
HAUSHOFMEISTER: Wohl, gnäd'ge Frau!
GONERIL: Und seinen Rittern gönnt nur kalte Blicke,
Was draus erwächst, gleichviel; sagt das den andern auch:
Ich nehme wohl Gelegenheit hieraus,
Mich zu erklären Meiner Schwester schreib' ich gleich,
Daß sie verfährt wie ich. Besorg' das Mahl!   *(Sie gehn ab)*

Vierte Szene

EBENDASELBST
Kent tritt auf, verkleidet

KENT: Kann ich so gut nur fremde Sprache borgen,
Die meine Red' entstellt, so mag vielleicht
Mein guter Will' in vollem Maß erstreben
Das Ziel, um das mein Wesen ich verhüllte. –
Nun, du verbannter Kent,
Kannst du dort dienen, wo man dich verdammt,
(Und geb' es Gott!) soll dein geliebter Herr
Dich unermüdlich finden.
(Jagdhörner hinter der Szene; Lear, Ritter und Gefolge treten auf)
LEAR: Laßt mich keinen Augenblick auf das Essen warten; geht,
laßt anrichten! *(Einer vom Gefolge geht ab)*
Nun, wer bist du?
KENT: Ein Mann, Herr!

LEAR: Was ist dein Beruf? Was willst du von uns?

KENT: Mein Beruf ist, nicht weniger zu sein, als ich scheine; dem treu zu dienen, der's mit mir versuchen will; den zu lieben, der ehrlich ist; mit dem zu verkehren, der Verstand hat und wenig spricht; den guten Leumund zu achten, zu fechten, wenn ich's nicht ändern kann, und keine Fische zu essen.

LEAR: Wer bist du?

KENT: Ein recht treuherziger Kerl und so arm als der König.

LEAR: Wenn du als Untertan so arm bist, wie er als König, dann bist du arm genug. Was willst du?

KENT: Dienst.

LEAR: Wem willst du dienen?

KENT: Euch.

LEAR: Kennst du mich, Alter? –

KENT: Nein; aber Ihr habt etwas in Euerm Wesen, das ich gern Herr nennen möchte.

LEAR: Was ist das?

KENT: Hoheit.

LEAR: Was für Dienste kannst du tun?

KENT: Ich kann ein erlaubtes Geheimnis verschweigen, reiten, laufen, eine hübsche Geschichte langweilig erzählen, und eine deutliche Botschaft schlicht bestellen: wozu ein gewöhnlicher Mensch brauchbar ist, dafür tauge ich, und das Beste an mir ist Fleiß.

LEAR: Wie alt bist du?

KENT: Nicht so jung, Herr, ein Mädchen ihres Gesanges wegen zu lieben, noch so alt, um ohne alle Ursache in sie vergafft zu sein; ich habe achtundvierzig Jahre auf dem Rücken.

LEAR: Folge mir, du sollst mir dienen; wenn du mir nach dem Essen nicht schlechter gefällst, so trennen wir uns nicht so bald. – Das Essen, holla! das Essen! – Wo ist mein Bursch, mein Narr? – Geh' einer und ruf' mir meinen Narren her!

(Der Haushofmeister kommt)

Ihr da! – He! – Wo ist meine Tochter?

HAUSHOFMEISTER: Verzeiht mir – *(Er geht ab)*

LEAR: Was sagt der Schlingel da? Ruft den Tölpel zurück! Wo ist mein Narr, he? – Ich glaube, die Welt liegt im Schlaf. Nun? Wo bleibt der Lümmel? –

RITTER: Er sagt, Mylord, Eurer Tochter sei nicht wohl.

LEAR: Warum kam denn der Flegel nicht zurück, als ich ihn rief?

RITTER: Herr, er sagte mir sehr rund heraus, er wolle nicht.

LEAR: Er wolle nicht?

RITTER: Mylord, ich weiß nicht, was vorgeht; aber nach meiner Ansicht begegnet man Eurer Hoheit nicht mehr mit der ehrerbietigen Aufmerksamkeit, wie man pflegte; es zeigt sich ein großes Abnehmen der Höflichkeit sowohl bei der Dienerschaft als auch beim Herzog und Eurer Tochter selbst.

LEAR: Ha! Meinst du? –

RITTER: Ich bitte Euch, verzeiht mir, Mylord, wenn ich mich irre, denn mein Diensteifer kann nicht schweigen, wenn ich Eure Hoheit beleidigt glaube.

LEAR: Du erinnerst mich nur an meine eigne Wahrnehmung. Ich bemerkte seit kurzem eine sehr kalte Vernachlässigung, doch schob ich's mehr auf meine argwöhnische Gemütsart, als auf einen wirklichen Vorsatz und absichtliche Unfreundlichkeit. – Ich will genauer darauf acht geben. Aber wo ist mein Narr? Ich hab' ihn in zwei Tagen nicht gesehn.

RITTER: Seit der jungen Fürstin Abreise nach Frankreich, gnädiger Herr, hat sich der Narr ganz abgehärmt.

LEAR: Still davon; ich hab' es wohl bemerkt. Geht, und sagt meiner Tochter, ich wolle sie sprechen. Und Ihr, ruft meinen Narren!

(Der Haushofmeister kommt)

O mein Freund, kommt doch näher! Wer bin ich, Kerl?

HAUSHOFMEISTER: Myladys Vater.

LEAR: Myladys Vater? Mylords Schurk'! Du verdammter Hund, du Lump, du Schuft!

HAUSHOFMEISTER: Ich bin nichts von alle dem, Mylord, ich bitte mir's aus.

LEAR: Wirfst du mir Blicke zu, du Hundsfott? *(Er schlägt ihn)*

HAUSHOFMEISTER: Ich lasse mich nicht schlagen, Mylord.

KENT *(schlägt ihm ein Bein unter)*: Auch kein Bein stellen, du niederträchtiger Fußballspieler?

LEAR: Ich danke dir, Bursch, du dienst mir, und ich will dich lieben.

KENT: Kommt, Freund, steht auf, packt Euch! Ich will Euch Unterschied lehren; fort, fort! – Wollt Ihr Eure Flegelslänge noch einmal messen, so bleibt: sonst packt Euch! Fort! Seid Ihr klug? – – so! –

(Er stößt den Haushofmeister hinaus)

LEAR: Nun, mein freundlicher Gesell, ich danke dir, hier ist Handgeld auf deinen Dienst. *(Er gibt Kent Geld)*

(Der Narr kommt)

NARR: Laß mich ihn auch dingen; hier ist meine Kappe.

LEAR: Nun, mein schmuckes Bürschchen? Was machst du?

NARR: Höre, Freund, du tätst am besten, meine Kappe zu nehmen.

LEAR: Warum, mein Kind?

NARR: Warum? Weil du's mit einem hältst, der in Ungnade gefallen ist. Ja, wenn du nicht lächeln kannst, je nachdem der Wind kommt, so wirst du bald einen Schnupfen weghaben. Da, nimm meine Kappe: Sieh, dieser Mensch da hat zwei von seinen Töchtern verbannt und der dritten wider Willen seinen Segen gegeben; wenn du dem folgen willst, mußt du notwendig meine Kappe tragen. Nun, wie steht's, Gevatter? Ich wollt', ich hätte zwei Kappen und zwei Töchter! –

LEAR: Warum, mein Söhnchen?

NARR: Wenn ich ihnen all meine Habe geschenkt hätte, die Kappen behielt' ich für mich; ich habe meine; bettle du dir eine zweite von deinen Töchtern!

LEAR: Nimm dich in acht, du! – Die Peitsche! –

NARR: Wahrheit ist ein Hund, der ins Loch muß und hinausgepeitscht wird, während Madame Schoßhündin am Feuer stehen und stinken darf.

LEAR: Eine bittere Pille für mich! –

NARR *(zu Kent)*: Hör', guter Freund, ich will dich einen Reim lehren.

LEAR: Laß hören!

NARR: Gib acht, Gevatter!

> Halt', was du verheißt,
> Verschweig', was du weißt,
> Hab' mehr, als du leihst,
> Reit' immer zumeist,
> Sei wachsam im Geist,
> Nicht würfle zu dreist,
> Laß Dirnen und Wein
> Und Tanz und Schalmei'n,
> So findst du den Stein
> Der Weisen allein.

LEAR: Das ist nichts, Narr.

NARR: Dann ist's gleich dem Wort eines unbezahlten Advokaten; du gabst mir nichts dafür. Kannst du von nichts keinen Gebrauch machen, Gevatter?

LEAR: Ei nein, Söhnchen, aus nichts wird nichts.

NARR: Bitt' dich, sag ihm doch, gerade so viel trage ihm die Rente seines Landes; er wird's einem Narren nicht glauben.

LEAR: Ein bittrer Narr!

NARR: Weißt du den Unterschied, mein Junge, zwischen einem bittren Narren und einem süßen Narren?

LEAR: Nein, Bursch, lehr' ihn mich!

NARR:
> Der dir's geraten, Lear,
> Dein Land zu geben hin,
> Den stell' hierher zu mir,
> Oder stehe du für ihn:
> Der süß' und bittre Narr
> Zeigt sich dir nun sofort,
> Der ein' im scheck'gen Wams,
> Den andern siehst du dort.

LEAR: Nennst du mich Narr, Junge?

NARR: Alle deine andern Titel hast du weggeschenkt, mit diesem bist du geboren.

KENT: Darin ist er nicht so ganz Narr, Mylord.

NARR: Nein, mein' Seel', Lords und andere große Herren würden's mir auch nicht ganz lassen; hätt' ich ein Monopol darauf, sie müßten ihr Teil daran haben, und die Damen eben so, die würden mir auch den Narren nicht allein lassen; sie würden was ab haben wollen. Gib mir ein Ei, Gevatter, ich will dir zwei Kronen geben.

LEAR: Was für zwei Kronen werden das sein?

NARR: Nun, nachdem ich das Ei durchgeschnitten und das Inwendige herausgegessen habe, die beiden Kronen des Eis. Als du deine Krone mitten durchspaltetest und beide Hälften weggabst, da trugst du deinen Esel auf dem Rücken durch den Dreck; du hattest wenig Witz in deiner kahlen Krone, als du deine goldne wegschenktest. Wenn ich diesmal in meiner eignen Manier rede, so laß den peitschen, der's zuerst so findet.

(Singt) Nie machten Narr'n so wenig Glück,
　　　 Denn Weise wurden täppisch;
　　　 Ihr bißchen Scharfsinn ging zurück,
　　　 Und all ihr Tun ward läppisch.

LEAR: Seit wann bist du so reich an Liedern, he? –

NARR: Das ward ich, Gevatter, seit du deine Töchter zu deinen Müttern machtest; denn als du ihnen die Rute gabst und dir selbst deine Hosen herunterzogst,

　　　 Da weinten sie aus freud'gem Schreck,
　　　 Ich sang aus bitterm Gram,
　　　 Daß solch ein König spielt' Versteck
　　　 Und zu den Narren kam.

Bitt' dich, Gevatter, nimm einen Schulmeister an, der deinen Narren lügen lehre: ich möchte gern lügen lernen.

LEAR: Wenn du lügst, Bursch, so werden wir dich peitschen lassen.

NARR: Mich wundert, wie du mit deinen Töchtern verwandt sein magst: sie wollen mich peitschen lassen, wenn ich die

Wahrheit sage; du willst mich peitschen lassen, wenn ich lüge, und zuweilen werde ich gepeitscht, weil ich's Maul halte. Lieber wollt' ich alles in der Welt sein, als ein Narr: und doch möchte ich nicht du sein, Gevatter. Du hast deinen Witz von beiden Seiten abgestutzt und nichts in der Mitte gelassen. Da kommt so ein Abgestutztes.

(Es tritt Goneril auf)

LEAR: Nun, Tochter? Wieder deine Stirn umwölkt? –
Mir deucht, sie ward die letzte Zeit zu finster!

NARR: Du warst ein hübscher Gesell, als du noch nicht nötig hattest, auf ihre Runzeln zu achten; nun bist du eine Null ohne Ziffern: ich bin jetzt mehr als du: ich bin ein Narr, du bist nichts. – Ja doch, ich will ja schweigen; das befiehlt mir Euer Gesicht, obgleich Ihr nichts sagt.

> Mum, mum,
> Wer nicht Kruste hat noch Krum,
> Was er auch bittet, er gilt für stumm.

(Er zeigt auf Lear)

Das ist so 'ne leere Erbsenschote! –

GONERIL: Nicht dieser freche Narr allein, Mylord,
Auch mancher Eurer zügellosen Ritter
Sucht stündlich Zank und Unfug, schwelgt und rauft
In unerträglich läst'ger Wildheit. Herr,
Ich glaubte, wenn ich dies Euch angezeigt,
Ihr würdet's ändern; doch befürcht' ich nun
Nach dem, was Ihr seit kurzem spracht und tatet,
Ihr schützt dies Treiben selbst und reizt dazu
Durch Euern Beifall: steht es so, dann fehlt
Die Rüge nicht, noch schläft die scharfe Zucht,
Die, zwar nur strebend nach wohltät'gem Frieden,
Vielleicht in ihrem Lauf Euch Kränkung bringt,
Was Schmach uns wäre sonst; doch weise Vorsicht,
Wenn es die Not gebeut.

NARR: Denn du weißt, Gevatter,
Grasmücke so lange den Kuckuck speist,

Bis sein Junges ihr endlich den Kopf abreißt.
Und da ging das Licht aus, und wir saßen im Dunkeln.
LEAR: Bist du meine Tochter?
GONERIL: Hört mich:
Ich wollt', Ihr brauchtet den gesunden Sinn,
Der sonst, ich weiß, Euch ziert; und legtet ab
Die Launen, die seit kurzem Euch verkehrt
Zu einer Sinnsart, die Euch unnatürlich.
NARR: Kann's nicht ein Esel merken, wenn der Karrn das Pferd
zieht? – Heißa, Hans, ich liebe dich.
LEAR: Kennt mich hier jemand? – Nein, das ist nicht Lear! –
Geht Lear so? Spricht so? Wo sind seine Augen?
Sein Kopf muß schwach sein, oder seine Denkkraft
Im Todesschlaf. Ha, bin ich wach? – Es ist nicht so.
Wer kann mir sagen, wer ich bin?
NARR: Lears Schatten.
LEAR: Ich wüßt' es gern; denn nach den Zeichen
Des Königtums, der Einsicht und Vernunft
War's Täuschung, wenn ich glaubt', ich hätte Töchter.
NARR: Die dich zum gehorsamen Vater machen werden.
LEAR: Euer Name, schöne Frau? –
GONERIL: O geht, Mylord! –
Dieses Erstaunen schmeckt zu sehr nach andern
Von Euern neuen Grillen. Ich ersuch' Euch,
Nicht meine wahre Absicht mißzudeuten.
So alt und würdig, seid verständig auch;
Ihr haltet hundert Ritter hier und Knappen,
So wildes Volk, so schwelgerisch und frech,
Daß unser Hof, befleckt durch ihre Sitten,
Gemeiner Schenke gleicht. Unzucht und Lust
Stempelt ihn mehr zum Weinhaus und Bordell,
Als fürstlichen Palast. Scham selber heischt
Abhülfe schleunig: Seid deshalb ersucht
Von der, die sonst sich nimmt, um was sie bat,
Ein wenig zu vermindern Euern Schwarm:

Und wählt den Rest, der Euerm Dienst verbleibt,
Aus Männern, wohlanständig Euerm Alter,
Die sich und Euch erkennen!

LEAR: Höll' und Teufel! –
Sattelt die Pferde, ruft all mein Gefolg';
Entarteter Bastard, ich will dich nicht
Belästigen; noch bleibt mir eine Tochter.

GONERIL: Ihr schlagt mein Dienstvolk, und Eu'r frecher Troß
Macht beßre sich zu Knechten.

(Albanien tritt auf)

LEAR: Weh, wer zu spät bereut! O Herr, seid Ihr's?
Ist das Eu'r Wille? Sprecht! – Bringt meine Pferde!
Undankbarkeit, du marmorherz'ger Teufel,
Abscheulicher, wenn du dich zeigst im Kinde
Als Meeresungeheuer! –

ALBANIEN: Faßt Euch, Mylord!

LEAR: Verruchter Gei'r, du lügst! –
Mein Volk sind ausgewählt' und wackre Männer,
Höchst kundig aller Pflichten ihres Dienstes,
Und die mit strenger Achtsamkeit genau
Auf ihre Ehre halten. O du kleiner Fehl,
Wie schienst du an Cordelien mir so greulich,
Daß du, wie folternd, mein Naturgefühl
Verrenkt, dem Herzen alle Lieb' entrissest,
In Galle sie zu wandeln! O Lear, Lear, Lear!

(Schlägt sich an die Stirn)

Schlag' an dies Tor, das deinen Blödsinn einließ,
Hinaus die Urteilskraft! Geht, gute Leute! –

ALBANIEN: Herr, ich bin schuldlos, ja ich ahnde nicht, Was Euch
bewegt.

LEAR: Es kann wohl sein, Mylord. –
Hör' mich, Natur, hör', teure Göttin, hör', mich!
Hemm' deinen Vorsatz, wenn's dein Wille war,
Ein Kind zu schenken dieser Kreatur! –
Unfruchtbarkeit sei ihres Leibes Fluch! –

Vertrockn' ihr die Organe der Vermehrung:
Aus ihrem entarteten Blut erwachse nie
Ein Säugling, sie zu ehren! *Muß* sie kreißen,
So schaff' ihr Kind aus Zorn, auf daß es lebe
Als widrig quälend Mißgeschick für sie! –
Es grab' ihr Runzeln in die junge Stirn,
Mit unversiegten Tränen ätz' es Furchen
In ihre Wangen: alle Muttersorg' und Wohltat
Erwidr' es ihr mit Spott und Hohngelächter;
Daß sie empfinde, wie es schärfer nage,
Als Schlangenzahn, ein undankbares Kind
Zu haben! – Fort, hinweg! – *(Er geht ab)*

ALBANIEN: Nun, ew'ge Götter, was bedeutet dies?

GONERIL: Nicht kümmert Euch, die Ursach' zu erfahren;
Laßt seiner wilden Laune nur das Ziel,
Das Torheit ihr gesteckt! –

(Lear kommt zurück)

LEAR: Was? Funfzig meiner Leut' auf *einen* Schlag? –
In vierzehn Tagen? –

ALBANIEN: Gnäd'ger Herr, was ist's?

LEAR: Ja, hör' mich: – Höll' und Tod! Ich bin beschämt,
Daß du so meine Mannheit kannst erschüttern:
Daß heiße Tränen, die mir wider Willen
Entstürzen, dir geweint sein müssen. Pest
Und Giftqualm über dich! –
Des Vaterfluchs grimmtödliche Verwundung
Durchbohre jeden Nerven deines Wesens! –
Ihr alten kind'schen Augen, weint noch einmal
Um dies Beginnen, so reiß' ich euch aus
Und werf' euch mit den Tränen hin, die ihr vergießt,
Den Staub zu löschen. Ha, so mag's denn sein! –
Ich hab' noch eine Tochter,
Die ganz gewiß mir freundlich ist und liebreich.
Wenn sie dies von dir hört, mit ihren Nägeln
Zerfleischt sie dir dein Wolfsgesicht. Dann find'st du

Mich in der Bildung wieder, die du denkst,
Ich habe sie auf immer abgeworfen;
Du sollst, das schwör' ich dir!
(Lear, Kent und Gefolge gehen ab)

GONERIL: Habt Ihr's gehört, Mylord?

ALBANIEN: Bei meiner großen Liebe, Goneril,
Kann ich nicht so parteiisch sein. –

GONERIL: Ich bitt' Euch, laßt das gut sein! – Oswald, he! –
(Zum Narren)
Ihr da, mehr Schurk' als Narr, folgt Eurem Herrn!

NARR: Gevatter Lear, Gevatter Lear, wart' und nimm den Narren mit dir!

> Ein Fuchs, den man gefangen,
> Und solche Rangen,
> Die müßten am Baum mir hangen,
> Könnt' ich 'nen Strick erlangen:
> Der Narr kommt nachgegangen.   *(Geht ab)*

GONERIL: Der Mann war gut beraten. – Hundert Ritter!
Politisch wär's und sicher, hundert Ritter
Zur Hand ihm lassen: daß bei jedem Traum,
Bei jeder Grill' und Laune, Klag' und Unlust,
Er seine Torheit stützt' auf ihre Macht,
Und unser Leben hing' an seinem Wink.
He, Oswald! he!

ALBANIEN: Du fürchtest wohl zu sehr. –

GONERIL: Besser, als traut' ich ihm zu sehr.
Laß mich die Kränkung hemmen, die ich fürchte,
Nicht eigne Hemmung fürchten: Ja, ich kenn' ihn;
Was er geäußert, schrieb ich meiner Schwester.
Nimmt sie ihn auf mit seinen hundert Rittern,
Da ich den Nachteil ihr gezeigt, – – Nun, Oswald,
(Der Haushofmeister kommt)
Hast du an meine Schwester dies geschrieben?

HAUSHOFMEISTER: Ja, gnäd'ge Frau!

GONERIL: Nimm dir Begleitung mit und schnell zu Pferd:

Belehre sie, was ich besonders fürchte,
Und füge selbst ihr solchen Grund hinzu,
Der dies noch mehr verstärkt! Nun, mach' dich auf, –
Und kehre bald zurück! *(Der Haushofmeister geht ab)*
Nein, nein, Mylord,
Dies Eu'r milchsanftes, allzugüt'ges Wesen,
Ich will's nicht schelten; doch Euch trifft, verzeiht,
Mehr Tadel, wegen Mangel an Verstand,
Als Lob für tör'ge Sanftmut.

ALBANIEN: Ob du das Rechte triffst, entscheid' ich nimmer: Wer
bessern will, macht oft das Gute schlimmer. –

GONERIL: Nun also –

ALBANIEN: Gut, gut, – der Ausgang. – *(Sie gehn ab)*

Fünfte Szene

EBENDASELBST

Es treten auf Lear, Kent und der Narr

LEAR: Geh du voraus nach Gloster mit diesem Brief; sag meiner
Tochter von dem, was du weißt, nicht mehr, als was sie nach
dem Brief von dir erfragen wird. Wenn du nicht sehr eilst,
werd' ich noch vor dir dort sein.

KENT: Ich will nicht schlafen, Mylord, bis ich Euern Brief bestellt habe. *(Geht ab)*

NARR: Wenn einem das Hirn in den Beinen säße, wär's da nicht
in Gefahr, Schwielen zu bekommen? –

LEAR: Ja, Bursch.

NARR: Dann bitt' ich dich, sei lustig, dein Verstand wird nie auf
Schlappschuhen gehen dürfen.

LEAR: Ha, ha, ha!

NARR: Gib acht, deine andre Tochter wird dir artig begegnen;
denn obgleich sie dieser so ähnlich sieht, wie der Holzapfel
dem Apfel, so weiß ich doch, was ich weiß.

LEAR: Nun, was weißt du denn, mein Junge?

NARR: Sie wird ihr an Geschmack so gleich sein, als ein Holzapfel einem Holzapfel. Das weißt du, warum einem die Nase mitten im Gesicht steht?

LEAR: Nein.

NARR: Ei, um die beiden Augen nach beiden Seiten der Nase hin zu gebrauchen, damit man in das, was man nicht heraus riechen kann, ein Einsehen habe.

LEAR: Ich tat ihr Unrecht.

NARR: Kannst du mir sagen, wie die Auster ihre Schale macht?

LEAR: Nein.

NARR: Ich auch nicht; aber ich weiß, warum die Schnecke ein Haus hat.

LEAR: Warum?

NARR: Nun, um ihren Kopf hinein zu stecken, nicht um's an ihre Töchter zu verschenken und ihre Hörner ohne Futteral zu lassen.

LEAR: Ich will meine Natur vergessen. Solch güt'ger Vater! Sind meine Pferde bereit?

NARR: Deine Esel sind nach ihnen gegangen. Der Grund, warum die sieben Sterne nicht mehr sind als sieben, ist ein hübscher Grund.

LEAR: Weil's nicht acht sind.

NARR: Ja, wahrhaftig, du würdest einen guten Narren abgeben.

LEAR: Mit Gewalt muß ich's wiedernehmen. Scheusal, Undankbarkeit! –

NARR: Wenn du mein Narr wärst, Gevatter, so bekämst du Schläge, weil du vor der Zeit alt geworden bist.

LEAR: Was soll's?

NARR: Du hätt'st nicht alt werden sollen, eh' du klug geworden wärst.

LEAR: O schützt vor Wahnsinn mich, vor Wahnsinn, Götter! Schenkt Fassung mir: ungern wär' ich wahnsinnig!

(Ein Ritter kommt)

Nun, sind die Pferde bereit?

RITTER: Bereit, Mylord.

LEAR: Komm, Junge!

NARR:

Die jetzt noch Jungfer ist und spottet mein und stichelt,
Die bleibt's nicht lange, wird nicht alles weggesichelt.

(Sie gehn ab)

Zweiter Aufzug

Erste Szene
VOR DEM SCHLOSSE DES GRAFEN GLOSTER
Es treten auf Edmund und Curan von verschiedenen Seiten

EDMUND: Gott grüß' dich, Curan!

CURAN: Und Euch, Herr! Ich bin bei Euerm Vater gewesen und habe ihm die Nachricht gebracht, daß der Herzog von Cornwall und Regan, seine Herzogin, diesen Abend bei ihm eintreffen werden.

EDMUND: Wie kommt das? –

CURAN: Nun, ich weiß nicht. Ihr werdet die Neuigkeiten gehört haben: ich meine, was man sich zuraunt; denn noch ist die Sache nur Ohrengeflüster.

EDMUND: Ich? Nichts! Bitt' Euch, was sagt man?

CURAN: Habt Ihr nicht gehört, daß es wahrscheinlich bald zwischen den Herzogen von Cornwall und Albanien zum Krieg kommen wird? –

EDMUND: Nicht ein Wort.

CURAN: So werdet Ihr's noch hören. Lebt wohl, Herr! *(Ab)*

EDMUND: Der Herzog hier zu Nacht! So besser! Trefflich!
Das webt sich mit Gewalt in meinen Plan.
Mein Vater stellte Wachen, meinen Bruder
Zu fangen; und ich hab' ein häklig Ding
Noch auszurichten. Helft mir, Glück und Raschheit! –
Bruder, ein Wort! – Komm, Bruder, komm herunter!
(Edgar tritt auf)
Mein Vater stellt dir nach – o flieh' von hier:
Kundschaft erhielt er, wo du dich versteckt; –
Dir wird die Nacht den besten Schutz gewähren. –
Sprachst du nicht etwa gegen Herzog Cornwall? –
Er kommt hierher, bei Nacht, in größter Eil',

Und Regan mit ihm: hast du nichts gesagt
Von seinem Streite mit Albaniens Herzog?
Besinne dich!

EDGAR: Nein wahrlich, nicht ein Wort.

EDMUND: Den Vater hör' ich kommen, – nun verzeih' –
Verstellter Weise muß ich mit dir fechten,
Zieh', wehre dich zum Schein! Nun mach' dich fort!
(Laut) Ergib dich! *(Leise)* Komm zuvor ihm! *(Laut)*
                                Licht, he, Licht!
(Leise) Flieh', Bruder! *(Laut)* Fackeln, Fackeln! *(Leise)*
                  So leb wohl! *(Edgar geht ab)*
Ein wenig Blut an mir zeugt wohl die Meinung
Von ernstrer Gegenwehr: – *(Er verwundet sich den Arm)*
                          ich sah Betrunkne
Im Scherz mehr tun als dies. – O Vater, Vater!
Halt, haltet ihn! Ist keine Hülfe?

       (Gloster und Bediente mit Fackeln treten auf)

GLOSTER: Nun,
Edmund, wo ist der Schurke?

EDMUND: Er stand im Dunkeln hier, sein Schwert gezückt,
Den Mond beschwörend mit verruchtem Zauber,
Ihm hülfreich beizustehn, –

GLOSTER: Nun, und wo ist er?

EDMUND: Seht, Herr, ich blute.

GLOSTER: Edmund, wo ist der Schurke? –

EDMUND: Dorthin entflohn. Als er auf keine Weise –

GLOSTER: Verfolgt ihn! – Fort! – »Auf keine Weise« – was?

EDMUND: Mich überreden konnt', Euch zu ermorden,
Und ich ihm sagte, daß die Rachegötter
Auf Vatermord all ihren Donner schleudern,
Und wie durch vielfach starkes Band dem Vater
Das Kind vereinigt sei, – genug, Mylord,
Gewahrend, wie mit Abscheu ich verwarf
Sein unnatürlich Tun, – in grimmer Kraft
Mit schon gezognem Schwert fällt er gewaltig

Mich Unbewehrten an, trifft mir den Arm;
Doch als er sah, wie mein Gemüt empört
Kühn durch des Streites Recht ihm widerstand, –
Vielleicht erschreckt auch durch mein Schrei'n um Hülfe, –
Entfloh er plötzlich.

GLOSTER: Flieh' er noch so weit,
In diesem Land entgeht er nicht der Haft,
Und, trifft man ihn, der Strafe. Unser Herzog,
Mein werter Fürst und Schutzherr, kommt zu Nacht;
Kraft seiner Vollmacht künd' ich's aller Welt,
Daß, wer ihn findet, unsern Dank verdient,
Bringt er den feigen Meuchler zum Gericht:
Wer ihn verbirgt, den Tod.

EDMUND: Als ich ihm sein Beginnen widerriet
Und fand ihn so erpicht, – da droht' ich grimmig,
Ihn anzugeben; er erwiderte:
»Du güterloser Bastard! Kannst du wähnen,
Ständ' ich dir gegenüber, daß der Glaube
An irgend Wahrheit, Wert und Treu' in dir
Dir Zutraun schaffte? Nein, straft' ich dich Lügen –
Und dieses tät' ich, ja, und zeigt'st du auf
Die eigne Handschrift – alles stellt' ich dar
Als deine Bosheit, Arglist, schnöden Trug.
Du mußt 'nen Dummkopf machen aus der Welt,
Soll sie den Vorteil meines Todes nicht
Als starken, höchst gewicht'gen Trieb erkennen,
Ihn anzustiften.«

GLOSTER: O verstockter Bube!
Die Handschrift leugnen? Hat er das gesagt?
                    (Man hört Trompeten)
Der Herzog! – Was ihn herführt, weiß ich nicht. –
Die Häfen sperr' ich all', er soll nicht fliehn.
Mein Fürst muß mir's gewähren; auch sein Bildnis
Versend' ich nah und fern; das ganze Reich
Soll Kenntnis von ihm haben; und mein Land,

Du guter, würd'ger Sohn, ich wirk' es aus,
Daß du's besitzen darfst.

(Cornwall und Regan treten mit Gefolge auf)   [kam –

CORNWALL: Wie geht's, mein edler Freund? Seit ich hierher
   Was kaum geschehn –, vernahm ich arge Dinge.

REGAN: Und sind sie wahr, genügt wohl keine Strafe
   So großer Missetat. Wie geht's Euch, Graf? –

GLOSTER: Zerrissen ist mein altes Herz, zerrissen!

REGAN: Was? Meines Vaters Pate sucht Eu'r Leben?
   Er, den mein Vater hat benannt? Eu'r Edgar?

GLOSTER: O Fürstin! Fürstin! Scham verschwieg' es gern.

REGAN: Hatt' er nicht Umgang mit den wüsten Rittern
   In meines Vaters Dienst?

GLOSTER: Ich weiß nicht, Lady. –
   Es ist zu schlimm, zu schlimm!

EDMUND: Ja, gnäd'ge Frau, er hielt mit jenem Schwarm.

REGAN: Kein Wunder denn, daß er auf Bosheit sann!
   Sie trieben ihn zum Mord des alten Mannes,
   Um seine Renten schwelgend zu verprassen.
   Erst diesen Abend hat mir meine Schwester
   Sie recht geschildert, und mit solcher Warnung,
   Daß, wenn sie kommen, um bei mir zu wohnen,
   Ich nicht daheim sein will.

CORNWALL: Auch ich nicht, Regan.
   Edmund, ich hör', Ihr habt dem Vater Euch
   Bewährt als treuer Sohn.

EDMUND: Ich tat nach Pflicht.

GLOSTER: Er deckte seine List auf und erhielt
   Die Wunde hier, als er ihn greifen wollte.

CORNWALL: Setzt man ihm nach?

GLOSTER: Ja, gnäd'ger Herr.

CORNWALL: Wird er ergriffen, soll sich niemand ferner
   Vor seiner Bosheit scheun: all meine Macht
   Steht Euch zu Dienst nach eigner Wahl. Ihr, Edmund,
   Des Tugend und Gehorsam eben jetzt

Sich so bewährt, Ihr sollt der Unsre sein:
Gemüter solcher Treue tun uns not,
So zähl' ich denn auf Euch.

EDMUND: Ich dien' Euch treu,
Worin's auch sein mag.

GLOSTER: Dank für ihn, mein Fürst.

CORNWALL: Ihr wißt nicht, was uns hergeführt zu Euch –

REGAN: So außer Zeit, in Finsternis der Nacht!
Der Anlaß, edler Gloster, hat Gewicht;
Und Eures Rates sind wir sehr bedürftig.
Mein Vater schreibt uns, und die Schwester auch,
Von Zwistigkeiten, die ich besser hielt
Zu schlichten außerm Hause. Beide Boten
Erwarten hier Bescheid. Ihr, alter Freund,
Beruhigt Eu'r Gemüt und steht uns bei
Mit höchst erwünschtem Rat in dieser Sache,
Die dringend Eile heischt!

GLOSTER: Ich dien' Euch gern:
Eu'r Gnaden sind von Herzen mir willkommen.

(Sie gehn ab)

Zweite Szene

EBENDASELBST
Es treten auf Kent und der Haushofmeister von verschiedenen Seiten

HAUSHOFMEISTER: Guten Morgen, mein Freund: bist du hier
vom Hause?

KENT: Ja.

HAUSHOFMEISTER: Wo können wir die Pferde unterbringen?

KENT: Im Dreck.

HAUSHOFMEISTER: Ich bitte dich, sag mir's, wenn du mich lieb
hast.

KENT: Ich habe dich nicht lieb.

HAUSHOFMEISTER: Nun, so frage ich nichts nach dir.

KENT: Hätt' ich dich in Lipsburys Pferch, so solltest du schon nach mir fragen.

HAUSHOFMEISTER: Warum behandelst du mich so? Ich kenne dich nicht.

KENT: Kerl, ich kenne dich.

HAUSHOFMEISTER: Wer bin ich denn?

KENT: Ein Schurke bist du, ein Halunke, ein Tellerlecker; ein niederträcht'ger, eitler, hohler, bettelhafter, dreiröckiger, hundertpfündiger, schmutziger, grobstrümpfiger Schurke; ein milchlebriger, Ohrfeigen einsteckender Schurke; ein lüderlicher, spiegelgaffender, überdienstfertiger geschniegelter Taugenichts; einer, der aus lauter Diensteifer ein Kuppler sein möchte, und nichts ist, als ein Gemisch von Schelm, Bettler, Lump, Kuppler und der Sohn und Erbe einer Bastardpetze; einer, den ich in Greinen und Winseln hineinprügeln will, wenn du die kleinste Sylbe von diesen deinen Ehrentiteln ableugnest.

HAUSHOFMEISTER: Was für ein Unmensch bist du, Kerl, so auf einen zu schimpfen, den du nicht kennst und der dich nicht kennt? –

KENT: Was hast du für eine eiserne Stirn, du Schuft, mir's abzuleugnen, daß du mich kennst? Sind's doch kaum zwei Tage, seit ich dir ein Bein stellte und dich vor dem König prügelte? – Zieh', du Schuft, denn obgleich es Nacht ist, scheint der Mond; ich will eine Mondscheinstunke aus dir machen. Zieh', du niederträcht'ger, infamer Kam'rad von Barbiergesellen, zieh'! *(Er zieht den Degen)*

HAUSHOFMEISTER: Fort! Ich habe nichts mit dir zu schaffen.

KENT: Zieh', Hundsfott! Du kommst mit Briefen gegen den König und nimmst der Drahtpuppe Eitelkeit Partei gegen die Majestät ihres Vaters. Zieh', Schuft! oder ich will dir deine Schenkel so zu Mus zerhacken – zieh', Racker! Stell' dich! –

HAUSHOFMEISTER: Hülfe! He, Mord, Hülfe! –

KENT: Wehr' dich, Bestie; steh, Schuft, steh; du geputzter Lumpenkerl, wehr' dich! *(Er schlägt ihn)*

HAUSHOFMEISTER: Hülfe! Ho, Mord, Mord! –

(Edmund, Cornwall, Regan, Gloster und Gefolge treten auf)

EDMUND: Was gibt's hier? Was habt ihr vor? Aus einander!

KENT: Nur her, Milchbart, wenn Ihr Lust habt; kommt, ich will
Euch kuranzen; nur her, Junker!

GLOSTER: Waffen? Degen? Was geht hier vor? –

CORNWALL: Friede, bei euerm Leben!
Der stirbt, wer sich noch rührt; was habt ihr vor?

REGAN: Die Boten unsrer Schwester und des Königs.

CORNWALL: Was ist eu'r Streit? Sagt an!

HAUSHOFMEISTER: Kaum schöpf' ich Atem, Herr!

KENT: Ich glaub's, Ihr habt den Mut so angestrengt.
Du feiger Schurk', Natur verleugnet dich,
Ein Schneider machte dich!

CORNWALL: Seltsamer Kauz!
Ein Schneider einen Menschen machen?

KENT: Ja, ein Schneider, Herr; ein Steinmetz oder ein Maler
hätte ihn nicht so schlecht geliefert, und wären sie nur zwei
Stunden in der Lehre gewesen.

CORNWALL: Doch sprich! Wie kam der Zwist?

HAUSHOFMEISTER: Der alte Raufbold, Herr, des Blut ich
schonte,
Um seinen grauen Bart, –

KENT: Ei du verzwicktes X, unnützer Buchstab! Mylord, wenn
Ihr's vergönnt, stampf' ich den ungesichteten Schuft zu Mör-
tel, und bestreiche eines Abtritts Wand mit ihm. – Meinen
grauen Bart geschont, du Bachstelze! –

CORNWALL: Schweig', Kerl!
Du grober Knecht, weißt du von Ehrfurcht nichts?

KENT: Ja, Herr! Doch hat der Ingrimm einen Freibrief.

CORNWALL: Worüber bist du grimmig?

KENT: Daß solch ein Lump, wie der, ein Schwert soll tragen,
Der keine Ehre trägt. Solch Gleisner-Volk
Nagt oft, gleich Ratten, heil'ge Band' entzwei,
Zu fest verknüpft zum Lösen; schmeichelt jeder Laune,

Die auflebt in dem Busen seines Herrn,
Trägt Öl ins Feu'r, zum Kaltsinn Schnee; verneint,
Bejaht und dreht den Hals wie Wetterhähne
Nach jedem Wind und Luftzug seiner Obern,
Nichts wissend, Hunden gleich, als nachzulaufen.

(Zum Haushofmeister)

Die Pest auf deine epilept'sche Fratze! –
Belächelst du mein Wort, wie eines Narren?
Gans, hätt' ich dich auf Sarums ebner Flur,
Ich trieb' dich gackernd heim nach Camelot.

CORNWALL: Wie, Alter? Bist du toll?

GLOSTER: Wie kam der Zank? Das sag!

KENT: Die Antipoden sind sich ferner nicht,
Als ich und solch ein Schuft.

CORNWALL: Weshalb nennst du ihn Schuft, was tat er dir?

KENT: Sein Ansehn ist mir unerträglich.

CORNWALL: Vielleicht auch meins wohl oder seins und ihrs?

KENT: Herr! Grad' heraus und offen ist mein Brauch:
Ich sah mitunter bessere Gesichter,
Als hier auf irgend einer Schulter jetzt
Vor meinen Augen stehn.

CORNWALL: Das ist ein Bursch,
Der, einst gelobt um Derbheit, sich befleißt
Vorwitz'ger Roheit, und sein Wesen zwängt
Zu fremdem Schein: der kann nicht schmeicheln, der! –
Ein ehrlich, grad Gemüt – spricht nur die Wahrheit! –
Geht's durch, nun gut; wenn nicht, – so ist er grade.
Ich kenne Schurken, die in solcher Gradheit
Mehr Arglist hüllen, mehr verruchten Plan,
Als zwanzig fügsam untertän'ge Schranzen,
Die schmeichelnd ihre Pflicht noch überbieten.

KENT: Gewiß, Herr, und wahrhaftig, – ganz im Ernst, –
Unter Vergünst'gung Eures hocherhabnen
Aspekts, des Einfluß wie der Strahlenkranz
Um Phöbus' Flammenstirn, –

CORNWALL: Was soll das heißen?

KENT: Daß ich aus meiner Redeweise fallen will, die Euch so
wenig behagt. Ich weiß, Herr, ich bin kein Schmeichler; wer
Euch mit graden Worten betrog, war gradehin ein Schurke,
und das will ich meines Teils nicht sein, sollt' ich auch Eu'r
Mißfallen so weit besiegen können, daß Ihr mich dazu auffor-
dertet.

CORNWALL: Was tatst du ihm zu Leid?

HAUSHOFMEISTER: Herr! Nicht das Mind'ste:
Dem König, seinem Herrn, gefiel's vor kurzem,
Aus einem Mißverständnis, mich zu schlagen,
Worauf er gleich zur Hand, dem Zorne schmeichelnd,
Rücklings mich hinwarf; als ich lag, mich schimpfte,
Und nahm so große Heldenmiene an,
Daß diese Mannestat der König pries,
Weil er zu Leibe ging dem Unbewehrten: –
Und, noch verzückt von seinem Ritterwerk,
Zog er aufs neue hier.

KENT: Memmen und Schurken! – Tun sie nicht, als wär' Ajax ihr
Narr!

CORNWALL: Holt mir die Blöcke, he!
Du alter Starrkopf, du weißbärt'ger Prahler,
Dich lehr' ich –

KENT: Herr, ich bin zu alt zum Lernen,
Holt nicht den Block für mich: Dem König dien' ich;
In seinem Auftrag ward ich abgesandt;
Zu wenig Ehrfurcht zeigt Ihr, zu viel Trotz
Gegen die Gnad' und Würde meines Herrn,
Tut Ihr das seinem Boten.

CORNWALL: Holt die Blöcke!
Auf Ehr' und Wort, bis Mittag soll er sitzen.

REGAN: Bis Mittag? Bis zur Nacht; die Nacht dazu! –

KENT: Nun, Lady, wär' ich Eures Vaters Hund,
Ihr solltet so mich nicht behandeln.

REGAN: Da Ihr sein Schurke seid, so will ich's.

47

CORNWALL: Der ist ein Kerl so recht von jener Farbe,
  Wie unsre Schwester schreibt. Kommt, bringt die Blöcke!
      (Die Fußblöcke werden gebracht)
GLOSTER: Laßt mich Euch bitten, Herr, dies nicht zu tun:
  Er ging zu weit; sein Herr, der gute König,
  Ahndet's gewiß: doch diese niedre Züchtʼgung
  Ist solcher Art, wie man verworfnen Troß
  Für Mausereiʼn und ganz gemeinen Unfug
  Bestraft; der König muß es schwer empfinden,
  Wird er so schlecht geehrt in seinem Boten,
  Daß man ihn also einzwängt.
CORNWALL: Das vertretʼ ich.
REGAN: Viel übler muß es meine Schwester deuten,
  Daß einer ihren Dienstmann schmäht und anfällt,
  Weil er ihr Wort befolgt. Schließt ihm die Beine!
      (Kent wird in den Block gelegt)
  Kommt, werter Lord!   *(Regan und Cornwall ab)*
GLOSTER: Du tust mir leid, mein Freund; der Herzog will's,
  Des heftʼger Sinn bekanntlich keinen Einspruch
  Noch Hemmung duldet. Ich will für dich bitten.
KENT: Nein, tut's nicht, Herr: ich wachtʼ und reiste scharf.
  Fürs erste schlafʼ ich was, dann kann ich pfeifen.
  Das Glück ʼnes braven Kerls kommt wohl einmal
  Ins Stocken! Guten Morgen!
GLOSTER: Der Fürst tut Unrecht; übel wird man's deuten.
                                    (Geht ab)
KENT: Du, guter König, machst das Sprichwort wahr:
  Du kommst jetzt aus dem Regen in die Traufe.
  Komm näher, Leuchte dieser niedern Welt,
  Daß ich bei deinem heitern Strahl den Brief
  Durchlesen möge! – Wahrlich, nur das Elend
  Erfährt noch Wunder! Ich weiß, Cordelia schickt ihn,
  Die schon zum Glück von meinem dunkeln Leben
  Nachricht erhielt, und sich die Zeit ersieht,
  Für diesen Greuelzustand Heilung suchend

Den Übeln. Ganz erschöpft und überwacht,
Genießt den Vorteil, müde Augen, nicht,
Zu schaun dies schnöde Lager! Nun, Fortuna,
Gut' Nacht! Noch einmal lächl' und dreh' dein Rad!

(Er schläft ein)

Dritte Szene
HEIDE
Edgar tritt auf

EDGAR: Ich hörte mich geächtet,
Und durch die günst'ge Höhlung eines Baums
Entkam ich noch der Jagd. Kein Port ist frei,
Kein Platz, an dem nicht strenge Wacht und Sorgfalt
Mir nachstellt. Retten will ich mich, solang'
Ich noch entfliehn kann: und ich bin bedacht,
Den allertiefsten, ärmsten Schein zu borgen,
In dem die Not den Menschen je zum Vieh
Erniedrigt. Mein Gesicht schwärz' ich mit Schlamm,
Die Lenden schürz' ich, zaus' in Knoten all
Mein Haar, und mit entschloßner Nacktheit trotz' ich
Dem Sturm und den Verfolgungen der Luft.
Die Gegend beut Vorbild und Muster mir
An Tollhausbettlern, die mit hohler Stimme
In ihre nackten, tauben Arme schlagen
Holzpflöcke, Nägel, Splitter, Rosmarin,
Und in so grausem Anblick sich in Mühlen,
Schafhürden, armen Dörfern, Meiereien,
Bald mit mondsücht'gem Fluch, bald mit Gebet,
Mitleid erzwingen. Armer Turlygood! Armer Thoms! –
So bin ich etwas noch, – als Edgar nichts! –   *(Er geht ab)*

Vierte Szene

LEAR: Seltsam, vom Haus so weggehn und den Boten
Mir nicht heimsenden!

RITTER: Wie ich dort erfuhr,
War tags zuvor an diese Reis' hieher
Noch kein Gedanke.

KENT: Heil dir, edler Herr! –

LEAR: Wie?
Treibst du die Schmach zur Kurzweil?

KENT: Nein, Mylord.

NARR: Ha, ha! Der trägt grobe Kniegürtel! Pferde bindet man
an den Köpfen, Hunde und Bären am Halse, Affen an den
Lenden, und Menschen an den Beinen; wenn ein Mensch zu
übermütig mit den Beinen gewesen ist, so muß er hölzerne
Strümpfe tragen.

LEAR: Wer war's, der also dich mißkannt, hieher
Dich so zu werfen?

KENT: Beide, er und sie,
Eu'r Sohn und Tochter.

LEAR: Nein.

KENT: Ja.

LEAR: Nein, sag' ich.

KENT: Ich sage ja.

LEAR: Bei Jupiter schwör' ich, nein.

KENT: Bei Juno schwör' ich, ja.

LEAR: Sie durften's nicht;
Sie konnten's, wagten's nicht; 's ist mehr als Mord,
Die Ehrfurcht so gewaltsam zu verletzen: –
Erklär' mir's in bescheidner Eil', wie hast du
Verdient, wie haben sie verhängt die Schmach,
Da du von uns kamst? –

KENT: Als in ihrem Hause

Ich Eurer Hoheit Briefe übergab,
Da, eh' ich aufstand von dem Platz, wo ich
Gekniet in Demut, kam halb atemlos
Ein Bote, dampfend heiß, und keucht' hervor
Die Grüße seiner Herrin Goneril;
Gab – war ich gleich der erste – seinen Brief,
Der flugs gelesen ward. Auf dessen Inhalt
Beriefen sie die Reis'gen, nahmen Pferde,
Hießen mich folgen und gelegentlich
Der Antwort warten; gaben kalte Blicke;
Und da ich hier den andern Boten traf,
Des Willkomm meinen, wie ich sah, vergiftet
(Derselbe Bube, der so frech sich neulich
Vergangen wider Eure Majestät), –
Mehr Manns als Urteils in mir fühlend, zog ich.
Er weckt' das Haus mit lautem, feigen Schrei;
Eu'r Sohn und Tochter fanden dies Vergehn
Wert, solche Schmach zu dulden.

NARR: Der Winter ist noch nicht vorbei, wenn die wilden Gänse
nach der Seite ziehn.

> Gehn die Väter nackt,
> So werden die Kinder blind;
> Kommen sie geldbepackt,
> Wie artig scheint das Kind.
> Fortuna, die arge Hur',
> Tut auf den Reichen nur.

Aber mit alle dem werden dir deine lieben Töchter noch so
viel aufzählen, daß du fürs ganze Jahr genug haben wirst.

LEAR: Oh, wie der Krampf mir auf zum Herzen schwillt! –
Hinab, aufsteigend Weh! Dein Element
Ist unten! Wo ist diese Tochter?

KENT: Beim Grafen, Herr, hier drinnen.

LEAR: Folgt mir nicht;
Bleibt hier! *(Er geht ab)*

RITTER: Versahst du mehr nicht, als was du erzählt?

KENT: Nein.

Wie kommt der König mit so kleiner Zahl?

NARR: Wärst du für die Frage in den Block gesetzt, so hätt'st du's wohl verdient.

KENT: Warum, Narr?

NARR: Wir wollen dich zu einer Ameise in die Schule schicken, um dich zu lehren, daß es im Winter keine Arbeit gibt. Alle, die ihrer Nase folgen, werden durch ihre Augen geführt, bis auf die Blinden; und gewiß ist unter zwanzigen nicht eine Nase, die den nicht röche, der stinkt. Laß ja die Hand los, wenn ein großes Rad den Hügel hinabrollt, damit dir's nicht den Hals breche, wenn du ihm folgst; wenn aber das große Rad den Hügel hinaufgeht, dann laß dich's nachziehn. Wenn dir ein Weiser einen besseren Rat gibt, so gib mir meinen zurück; ich möchte nicht, daß andere als Schelmen ihm folgten, da ein Narr ihn gibt.

> Herr, wer Euch dient für Gut und Geld
> Und nur gehorcht zum Schein,
> Packt ein, sobald ein Regen fällt,
> Läßt Euch im Sturm allein.
> Doch ich bin treu; der Narr verweilt,
> Läßt fliehn der Weisen Schar:
> Der Schelm wird Narr, der falsch enteilt,
> Der Narr kein Schelm fürwahr.

KENT: Wo hast du das gelernt, Narr?

NARR: Nicht im Block, Narr.

(Lear kommt zurück mit Gloster)

LEAR: Verweigern mich zu sprechen? Sind krank, sind müde?

Sie reisten scharf die Nacht? – Ausflüchte nur!
Bilder von Abfall und Empörung! Geh,
Schaff' mir 'ne beßre Antwort!

GLOSTER: Teurer Herr,

Ihr kennt des Herzogs feurige Gemütsart,
Wie unbeweglich und bestimmt er ist
In seinem Sinn.

LEAR: Pest, Rache, Tod, Vernichtung!
Was »feurig«? Was »Gemüt«? – Ha, Gloster, Gloster!
Den Herzog Cornwall will ich sprechen und sein Weib.
GLOSTER: Nun wohl, mein teurer Herr, so sagt' ich's auch.
LEAR: So sagtest du's? Verstehst du mich auch, Mann?
GLOSTER: Ja, Herr!
LEAR: Der König will mit Cornwall sprechen,
Der Vater, sieh, mit seiner Tochter sprechen,
Befiehlt Gehorsam: sagt'st du ihnen das?
Mein Blut und Leben! – »Feurig«?
Der »feur'ge« Herzog? Sagt dem heißen Herzog, daß –
Doch nein, noch nicht – kann sein, er ist nicht wohl;
Krankheit verabsäumt jeden Dienst, zu dem
Gesundheit ist verpflichtet; wir sind nicht wir,
Wenn die Natur, im Druck, die Seele zwingt,
Zu leiden mit dem Körper. Ich will warten,
Und ging zu weit in meinem raschen Mut,
Daß ich krankhafte, schwache Laune nahm
Für den gesunden Mann. O Höll' und Tod!
Warum sitzt dieser hier? – Ha, dies bezeugt,
Des Herzogs Weggehn und das ihre sei
Nur Hinterlist! Gebt mir den Diener los; –
Geht: sagt dem Herzog und seinem Weib, ich wollte
Sie sprechen, jetzt, alsbald; heiß' sie erscheinen,
Sonst schlag' ich an der Kammertür die Trommel,
Bis sie den Schlaf zu Tod geschreckt.
GLOSTER: Wär' alles gut doch zwischen euch!   (*Er geht ab*)
LEAR:
Weh mir, mein Herz! Mein schwellend Herz! – Hinunter!
NARR: Ruf' ihm zu, Gevatter, wie die alberne Köchin den Aalen,
als sie sie lebendig in die Pastete tat; sie schlug ihnen mit einem
Stecken auf die Köpfe und rief: »Hinunter, ihr Gesindel, hin-
unter!« Ihr Bruder war's, der aus lauter Güte für sein Pferd
ihm das Heu mit Butter bestrich.
        (*Cornwall, Regan, Gloster und Gefolge treten auf*)

LEAR: Guten Morgen euch beiden!

CORNWALL: Heil Euch, gnäd'ger Herr!

(Kent wird losgemacht)

REGAN: Ich bin erfreut, Eu'r Majestät zu sehn.

LEAR: Regan, ich denk', du bist's, und weiß die Ursach',
 Warum ich's denke; wärst du nicht erfreut,
 Ich schiede mich von deiner Mutter Grab,
 Weil's eine Ehebrecherin verschlösse. –
 Oh, bist du frei?
 Ein ander Mal davon. – Geliebte Regan,
 Deine Schwester taugt nicht! – Oh, sie band mir, Regan,
 Scharfzahn'gen Undank, gleich dem Geier hier –

(auf sein Herz zeigend)

 Ich kann kaum sprechen – nimmer wirst du's glauben,
 Mit wie entartetem Gemüt, – o Regan!

REGAN: Ich bitt' Euch, habt Geduld: ich hoffe, minder
 Wißt Ihr zu schätzen ihren Wert, als sie
 Von ihrer Pflicht zu weichen.

LEAR: Wie war das?

REGAN: Ich kann nicht denken, daß sie nur im kleinsten
 Gefehlt in ihrer Pflicht. Hat sie vielleicht
 Gehemmt den Unfug Eures Schwarms, Mylord,
 So war's auf solchen Grund und guten Zweck,
 Daß sie kein Tadel trifft.

LEAR: Mein Fluch auf sie!

REGAN: O Mylord, Ihr seid alt,
 Natur in Euch steht auf der letzten Neige
 Ihres Bezirks; Euch sollt' ein kluger Sinn,
 Der Euern Zustand besser kennt als Ihr,
 Zügeln und lenken: darum bitt' ich Euch,
 Kehrt heim zu unsrer Schwester; sagt ihr, Herr,
 Ihr kränktet sie.

LEAR: Ich ihr Verzeihn erbitten?
 Fühlst du denn wohl, wie dies dem Hause ziemt?
 »Liebe Tochter, ich bekenn' es, ich bin alt;

(er kniet)

Alter ist unnütz; auf den Knieen bitt' ich:
Gewähre mir Bekleidung, Kost und Bett!«
REGAN: Laßt ab, Herr! Das sind törichte Gebärden.
Kehrt heim zu meiner Schwester!
LEAR: Nimmermehr!
Halb mein Gefolge hat sie mir genommen,
Mich finster angeblickt, mit ihrer Zunge
Recht schlangenartig mir ins Herz gestochen.
Des Himmels aufgehäufte Rache fall'
Auf ihr undankbar Haupt; du fah'nde Luft,
Schlage mit Lähmung ihre jungen Glieder!
CORNWALL: Pfui, pfui, pfui!
LEAR: Du jäher Blitz, flamm' in ihr stolzes Auge
Dein blendend Feu'r! Verpestet ihre Schönheit,
Sumpfnebel, die der Sonne Macht gebrütet,
Welkt und vernichtet ihren Stolz!
REGAN: O Götter!
Das wünscht Ihr einst auch mir, wenn rascher Zorn –
LEAR: Nein, Regan, nie empfängst du meinen Fluch:
Dein zart gestimmtes Herz gibt nimmer dich
Der Rauheit hin; ihr Auge sticht, doch deins
Tut wohl und brennt nicht; nimmer könnt'st du grollen
Bei meiner Freude, mein Gefolg' vermindern,
Mit herbem Zank mein Ausgesetztes schmälern,
Und endlich gar mit Kett' und Riegel mir
Den Eintritt wehren; nein, du lerntest besser
Die Pflichten der Natur, der Kindschaft Band,
Der Ehrfurcht Zoll, die Schuld der Dankbarkeit;
Du hast des Reiches Hälfte nicht vergessen,
Womit ich dich beschenkt.
REGAN: Nun, Herr, zur Sache!
LEAR: Wer setzte meinen Diener in den Stock?
CORNWALL: Was für Trompeten?
                    (Der Haushofmeister tritt auf)

REGAN:

    Ich weiß es, meiner Schwester; denn sie schreibt mir

    Ihr schleunig Kommen. Ist deine Herrin da? –

LEAR: Das ist ein Sklav', des leicht geborgter Stolz

    In seiner Herrschaft flücht'ger Gnade wohnt;

    Geh, Schuft, mir aus dem Auge! –

CORNWALL: Was meint Eu'r Gnaden?

LEAR: Wer blockte meinen Diener? Regan, ich hoffe,

    Du wußtest nicht darum. – Wer kommt da? O ihr Götter!

                (Goneril kommt)

    Wenn ihr die Alten liebt, eu'r milder Szepter

    Gehorsam heiligt, wenn ihr selber alt seid,

    Macht es zu eurem Streit; sprecht, zeugt für mich! –

    (Zu Goneril) Schämst du dich nicht, auf diesen Bart zu sehn?

    O Regan! Kannst du bei der Hand sie fassen?

GONERIL: Warum nicht bei der Hand? Was fehlt' ich denn?

    Nicht alles ist ja Fehl, was Torheit meint

    Und Aberwitz so nennt.

LEAR: Ihr Sehnen seid zu starr,

    Noch reißt ihr nicht? – Wie kam *der* in den Block?

CORNWALL: Ich ließ ihn schließen, Herr; doch seine Unart

    Verdiente mindern Glimpf.

LEAR: Ihr? Tatet Ihr's?

REGAN: Hört, Vater, da Ihr schwach seid, scheint es auch!

    Wollt bis zum Ablauf Eures Monats Ihr

    Zurückgehn, bei der Schwester wohnen: dann,

    Halb Euren Zug entlassend, kommt zu mir!

    Ich bin jetzt fern vom Haus und nicht versehn,

    Wie es sich ziemt, für Euern Unterhalt.

LEAR: Zurück zu ihr? und funfzig Mann entlassen?

    Nein, ehr verschwör' ich alles Dach, und lieber

    Setz' ich mich aus der Tyrannei der Luft,

    Und will Kam'rad mit Wolf und Eule werden.

    O scharfer Zahn der Not! – Zurück zu ihr?

    Der heiße Frankreich, der mein jüngstes Kind

Ohn' Erbgut nahm, – so leicht zwäng' ich mich wohl,
An seinem Throne kniend, wie ein Knecht,
Ein ärmlich Brot und Jahrgeld zu erbetteln.
Zurück zu ihr? – Verlange lieber noch,
Daß Sklav' ich werd' und Saumtier diesem Schuft! –
GONERIL: Wie's Euch beliebt.
LEAR: Ich bitt' dich, Tochter, mach' mich nicht verrückt!
Ich will dir nicht zur Last sein; Kind, leb wohl!
Wir woll'n uns nicht mehr treffen, nicht mehr sehn.
Und doch bist du mein Fleisch, mein Blut, mein Kind;
Nein, eine Krankheit eh'r in meinem Fleisch,
Die mein ich nennen muß; bist eine Beule,
Ein Pestauswuchs, ein schwellender Karfunkel
In meinem kranken Blut. Doch will ich dich nicht schelten;
Scham komme, wenn sie will, ich ruf' ihr nicht:
Ich heiße nicht den Donnerträger schleudern,
Noch schwatz' ich aus von dir vor Jovis Thron; –
Geh in dich, ganz nach Muße beßre dich; –
Ich hab' Geduld, ich kann bei Regan bleiben,
Ich und die hundert Ritter.
REGAN: Nicht so ganz! –
Ich zählte nicht auf Euch, bin nicht gerüstet,
Euch zu empfangen; hört die Schwester, Herr!
Denn wer Eu'r Zürnen mit Vernunft betrachtet,
Muß sich doch sagen: Ihr seid alt, und so, –
Doch sie weiß, was sie tut.
LEAR: Ist dies nun gut gesprochen?
REGAN: Ich darf's behaupten, Herr. Was, funfzig Ritter?
Ist's nicht genug? Wozu bedürft Ihr mehr?
Wozu selbst diese, da Gefahr und Last
So viele widerrät? Kann so viel Volk
In einem Haus, bei zweierlei Befehl,
In Freundschaft stehn? 'S ist schwer, beinah' unmöglich.
GONERIL: Was braucht Ihr, Herr, noch andre Dienerschaft,
Als meiner Schwester Leute, oder meine? –

REGAN: Ja wohl, Mylord; wenn die nachlässig wären,
Bestraften wir sie dann. Kommt Ihr zu mir
(Denn jetzt seh' ich Gefahr), so bitt' ich Euch,
Bringt mir nur fünfundzwanzig; denn nicht mehr
Kann ich herbergen oder zugestehn.
LEAR: Ich gab euch alles –
REGAN: Und zur rechten Zeit.
LEAR: Macht' euch zu meinen Pflegern und Verwaltern;
Nur diese Anzahl zum Gefolge mir
Behielt ich vor. Was, muß ich zu dir kommen
Mit fünfundzwanzig, Regan? Sagst du so?
REGAN: Und sag' es noch einmal, Mylord: nicht mehr!
LEAR: Solch ruchlos Wesen sieht doch hübsch noch aus,
Sind 'andre noch ruchloser; nicht die Schlimmste
Zu sein, ist dann wie Lob: – *(Zu Goneril)* ich geh' mit dir;
Dein funfzig macht doch zwei Mal fünfundzwanzig,
Und du bist zweifach ihre Liebe.
GONERIL: Hört mich:
Was braucht Ihr fünfundzwanzig, zehn, ja fünf?
In einem Haus, wo Euch zwei Mal so viel
Zu Diensten stehn?
REGAN: Was braucht Ihr *einen* nur?
LEAR:
Oh, streite nicht, was nötig sei. Der schlechteste Bettler
Hat bei der größten Not noch Überfluß.
Gib der Natur nur das, was nötig ist,
So gilt des Menschen Leben wie des Tiers.
Du bist 'ne Edelfrau;
Wenn warm gekleidet gehn schon prächtig wäre,
Nun, der Natur tut deine Pracht nicht not,
Die kaum dich warm hält; – doch für wahre Not –
Gebt, Götter, mir Geduld, Geduld tut not! –
Ihr seht mich hier, 'nen armen, alten Mann,
Gebeugt durch Gram und Alter, zwiefach elend! –
Seid ihr's, die dieser Töchter Herz empört

Wider den Vater, närrt mich nicht so sehr,
Es zahm zu dulden; weckt mir edeln Zorn!
O laßt nicht Weiberwaffen, Wassertropfen,
Des Mannes Wang' entehren! – Nein, ihr Teufel,
Ich will mir nehmen solche Rach' an euch,
Daß alle Welt – will solche Dinge tun –
Was, weiß ich selbst noch nicht; doch soll'n sie werden
Das Grau'n der Welt. Ihr denkt, ich werde weinen?
Nein, weinen will ich nicht.
Wohl hab' ich Fug zu weinen; doch dies Herz
Soll eh' in hunderttausend Scherben splittern,
Bevor ich weine. – O Narr, ich werde rasend! –

(Lear, Gloster, Kent und der Narr gehn ab)

CORNWALL: Gehn wir hinein, es kommt ein Sturm.

(Sturm und Gewitter von weitem)

REGAN: Das Haus ist klein, es faßt den Alten nicht
Und sein Gefolg'.

GONERIL: 'S ist seine Schuld, er nahm sich selbst die Ruh';
Nun büßt er seine Torheit.

REGAN: Was ihn betrifft, ihn nehm' ich gerne auf;
Doch keinen seines Zugs.

GONERIL: So denk' ich auch. –
Wo ist Mylord von Gloster?

CORNWALL: Er ging dem Alten nach; – dort kommt er wieder.

(Gloster kommt zurück)

GLOSTER: Der König ist in Wut.

CORNWALL: Wo geht er hin?

GLOSTER: Er will zu Pferd', doch weiß ich nicht, wohin.

CORNWALL: Man lasse den, der selbst sich führen will.

GONERIL: Mylord, ersucht ihn ja nicht, hier zu bleiben!

GLOSTER: O Gott, die Nacht bricht ein, der scharfe Wind
Weht schneidend; viele Meilen rings umher
Ist kaum ein Busch.

REGAN: O Herr, dem Eigensinn
Wird Ungemach, das er sich selber schafft,

Der beste Lehrer. Schließt des Hauses Tor:
Er hat verwegne Diener im Gefolg';
Wozu ihn die anhetzen, da so leicht
Sein Ohr betört wird, das muß Vorsicht scheun.
CORNWALL: Schließt Eure Pforte, Herr; die Nacht ist schlimm,
Und Regan rät uns gut. Kommt aus dem Sturm!

(Sie gehn ab)

Dritter Aufzug

Erste Szene
HEIDE · STURM, DONNER UND BLITZ
Kent und ein Ritter von verschiedenen Seiten treten auf

KENT: Wer ist da, außer schlechtem Wetter?
RITTER: Ein Mann, gleich diesem Wetter, höchst bewegt.
KENT: Ich kenn' Euch; wo ist der König?
RITTER: Im Kampf mit dem erzürnten Element.
  Er heißt dem Sturm die Erde wehn ins Meer,
  Oder die krause Flut das Land ertränken,
  Daß alles wandle oder untergeh';
  Rauft aus sein weißes Haar, das wüt'ge Windsbraut
  Mit blindem Grimm erfaßt und macht zu nichts.
  Er will in seiner kleinen Menschenwelt
  Des Sturms und Regens Wettkampf übertrotzen.
  In dieser Nacht, wo bei den Jungen gern
  Die ausgesogne Bärin bleibt, der Löwe
  Und hungergrimm'ge Wolf gern trocken halten
  Ihr Fell, rennt er mit unbedecktem Haupt
  Und heißt, was immer will, hinnehmen alles.
KENT: Doch wer ist mit ihm?
RITTER: Der Narr allein, der wegzuscherzen strebt
  Sein herzerschütternd Leid.
KENT: Ich kenn' Euch, Herr,
  Und wag' es, auf die Bürgschaft meiner Kunde,
  Euch Wicht'ges zu vertraun. Es trennt ein Zwiespalt –
  Wiewohl sie noch den Schein davon verhüllen
  In gleicher List – Albanien und Cornwall.
  Sie haben – so wie jeder, den sein Stern
  Erhob und krönte – Diener, treu zum Schein,
  Die heimlich Frankreichs Spione sind und Wächter;

61

Belehrt von unserm Zustand, allen Händeln
Und Zänkerei'n der Fürsten; von
Dem schweren Joch, das beide auferlegt
Dem alten König; von noch tiefem Dingen,
Wozu vielleicht dies nur ein Vorspiel war: –
Doch ist's gewiß, von Frankreich kommt ein Heer
In dies zerrißne Reich, das schon, mit Klugheit
Benutzend unsre Säumnis, heimlich fußt
In unsern besten Häfen und alsbald
Sein Banner frei entfaltet. Nun für Euch:
Wagt Ihr's, so fest zu bauen auf mein Wort,
Daß Ihr nach Dover gleich enteilt, so findet
Ihr jemand, der's Euch dankt, erzählt Ihr treu,
Welch unnatürlich sinnverwirrend Leid
Des Königs Klage weckt.
Ich bin ein Edelmann von altem Blut,
Und weil ich Euch als zuverlässig kenne,
Vertrau' ich Euch dies Amt.

RITTER: Ich werd' Euch weiter sprechen.

KENT: Nein, das nicht –
Und zur Bestät'gung, ich sei Größres als
Mein äußrer Schein, empfangt die Börs' und nehmt,
Was sie enthält Wenn Ihr Cordelien seht –
Und daran zweifelt nicht –, zeigt ihr den Ring,
Und nennen wird sie Euch den Freund, des Namen
Euch jetzt noch unbekannt. Hu, welch ein Sturm! –
Ich will den König suchen.

RITTER: Gebt mir die Hand: Habt Ihr nicht mehr zu sagen?

KENT: Nicht viel, doch, in der Tat, das Wichtigste:
Dies, wenn den König wir gefunden – Ihr
Geht diesen Weg, ich jenen –, wer zuerst
Ihn antrifft, ruf's dem andern zu.

(Sie gehn nach verschiedenen Seiten ab)

LEAR: Blast, Wind', und sprengt die Backen! Wütet! Blast! –
Ihr Katarakt' und Wolkenbrüche, speit,
Bis ihr die Türm' ersäuft, die Hähn' ertränkt!
Ihr schweflichten, gedankenschnellen Blitze,
Vortrab dem Donnerkeil, der Eichen spaltet,
Versengt mein weißes Haupt! Du Donner schmetternd,
Schlag' flach das mächt'ge Rund der Welt; zerbrich
Die Formen der Natur, verflicht' auf eins
Den Schöpfungskeim des undankbaren Menschen!
NARR: Ach, Gevatter, Hofweihwasser in einem trocknen Hause
ist besser, als dies Regenwasser draußen. Lieber Gevatter, hin-
ein und bitt' um deiner Töchter Segen: das ist 'ne Nacht, die
sich weder des Weisen noch des Toren erbarmt.
LEAR: Rassle nach Herzenslust! Spei', Feuer! Flute, Regen!
Nicht Regen, Wind, Blitz, Donner sind meine Töchter:
Euch schelt' ich grausam nicht, ihr Elemente:
Euch gab ich Kronen nicht, nannt' euch nicht Kinder,
Euch bindet kein Gehorsam; darum büßt
Die grause Lust: Hier steh' ich, euer Sklav',
Ein alter Mann, arm, elend, siech, verachtet:
Und dennoch knecht'sche Helfer nenn' ich euch,
Die ihr im Bund mit zwei verruchten Töchtern
Türmt eure hohen Schlachtreih'n auf ein Haupt
So alt und weiß als dies. Oh, oh, 's ist schändlich! –
NARR: Wer ein Haus hat, seinen Kopf hineinzustecken, der hat
einen guten Kopflatz.
>   Wenn Hosenlatz will hausen,
>   Eh' Kopf ein Dach geschafft,
>   Wird Kopf und Latz verlausen,
>   Solch Frein ist bettelhaft.
>   Und willst du deinen Zeh',

> Du Tropf, zum Herzen machen,
> Schreist übern Leichdorn weh,
> Statt schlafen wirst du wachen.

– denn noch nie gab's ein hübsches Kind, das nicht Gesichter vorm Spiegel schnitt.

(Kent tritt auf)

LEAR: Nein! Ich will sein ein Muster aller Langmut,
Ich will nichts sagen.

KENT: Wer da?

NARR: Nun, hier ist Gnade und ein Hosenlatz; das heißt: ein Weiser und ein Narr.

KENT: Ach, seid Ihr hier, Mylord? Was sonst die Nacht liebt,
Liebt solche Nacht doch nicht: – des Himmels Zorn
Scheucht selbst die Wanderer der Finsternis
In ihre Höhlen. Seit ich ward zum Mann,
Erlebt' ich nimmer solchen Feuerguß,
Solch Krachen grausen Donners, solch Geheul
Des brüll'nden Regensturms: kein menschlich Wesen
Erträgt solch Leid und Grau'n. –

LEAR: Jetzt, große Götter,
Die ihr so wild ob unsern Häuptern wettert,
Sucht eure Feinde auf: Zittre, du Frevler,
Auf dem verborgne Untat ruht, vom Richter
Noch ungestraft! – Versteck' dich, blut'ge Hand;
Meineid'ger Schalk, und du, o Tugendheuchler,
Der in Blutschande lebt! Zerscheitre, Sünder,
Der unterm Mantel frommer Ehrbarkeit
Mord stiftete! Ihr tief verschloßnen Greu'l,
Sprengt den verhüll'nden Zwinger, fleht um Gnade
Die grausen Mahner! – Ich bin ein Mann, an dem
Man mehr gesündigt, als er sündigte.

KENT: O Gott, mit bloßem Haupt! –
Mein gnäd'ger Herr, nah bei ist eine Hürde,
Die bietet etwas Schutz doch vor dem Sturm;
Ruht dort, indes ich in dies harte Haus –

Weit härter als der Stein, aus dem's erbaut,
Das eben jetzt, als ich nach Euch gefragt,
Mir schloß die Tür – zurückgeh' und ertrotze
Ihr karges Mitleid.

LEAR: Mein Geist beginnt zu schwindeln.
Wie geht's, mein Junge? Komm, mein Junge!
Friert dich? Mich selber friert. Wo ist die Streu, Kam'rad?
Die Kunst der Not ist wundersam; sie macht
Selbst Schlechtes köstlich. Nun zu deiner Hürde! –
Du armer Schelm und Narr, mir blieb ein Stückchen
Vom Herzen noch, und das bedauert dich.

NARR: Wem der Witz nur schwach und gering bestellt,
         Hop heisa bei Regen und Wind,
         Der füge sich still in den Lauf der Welt,
         Denn der Regen, der regnet jeglichen Tag.

LEAR: Wahr, lieber Junge. – Kommt, zeigt uns die Hürde!

(Geht ab)

NARR: Das ist 'ne hübsche Nacht, um eine Buhlerin abzuküh-
len. Ich will eine Prophezeiung sprechen, eh' ich gehe:
         Wenn Priester Worte, nicht Werke häufen,
         Wenn Brauer in Wasser ihr Malz ersäufen,
         Wenn der Schneider den Junker Lehrer nennt,
         Kein Ketzer mehr, nur der Buhler brennt,
         Wenn Richter ohne Falsch und Tadel,
         Wenn ohne Schulden Hof und Adel,
         Wenn Läst'rung nicht auf Zungen wohnt,
         Der Gauner des Nächsten Beutel schont,
         Wenn die Wuch'rer ihr Gold im Felde beschaun,
         Und Huren und Kuppler Kirchen baun,
         Dann kommt das Reich von Albion
         In große Verwirrung und Konfusion:
         Dann kommt die Zeit, wer's lebt zu sehn,
         Daß man mit Füßen pflegt zu gehn.
Diese Prophezeiung wird Merlin machen, denn ich lebe vor
seiner Zeit. – *(Ab)*

Glosters Schloss
Es treten auf Gloster und Edmund

Gloster: O Gott! Edmund, diese unnatürliche Begegnung gefällt mir nicht. Als ich sie um Erlaubnis bat, mich seiner erbarmen zu dürfen, da verboten sie mir den Gebrauch meines eignen Hauses, befahlen mir bei Strafe ihrer ewigen Ungnade, weder von ihm zu sprechen, für ihn zu bitten, noch ihn auf irgend eine Weise zu unterstützen.

Edmund: Höchst grausam und unnatürlich!

Gloster: Nun, nun, sage nichts! Es ist ein Zwiespalt zwischen den beiden Herzogen, und Schlimmeres als das: ich erhielt diesen Abend einen Brief – es ist gefährlich, davon zu reden; ich verschloß den Brief in meinem Kabinett. Die Kränkungen, die der König jetzt duldet, werden schwer geahndet werden; ein Teil des Heeres ist schon gelandet, und wir müssen mit dem König halten. Ich will ihn aufsuchen und ihn heimlich unterstützen. Geh du und unterhalte ein Gespräch mit dem Herzoge, damit er diese Teilnahme nicht bemerke. Wenn er nach mir fragt, bin ich krank und zu Bett gegangen. Und sollte es mein Tod sein (wie mir denn nichts Geringeres gedroht ist), dem König, meinem alten Herrn, muß geholfen werden. Es sind seltsame Dinge im Werk; Edmund, ich bitte dich, sei behutsam! *(Er geht ab)*

Edmund: Den Eifer, mit Vergunst, meld' ich sogleich
Dem Herzog, und von jenem Brief dazu.
Dies scheint ein groß Verdienst und soll mir lohnen
Mit meines Vaters Raub, den Gütern allen:
Die Jungen steigen, wenn die Alten fallen.   *(Ab)*

HEIDE
Es treten auf Lear, Kent und der Narr

KENT: Hier ist's, Mylord; o geht hinein, Mylord!
 Die Tyrannei der offnen rauhen Nacht
 Hält die Natur nicht aus.   *(Fortdauernder Sturm)*
LEAR: Laß mich zufrieden!
KENT: Ich bitt' Euch, kommt!
LEAR: Willst du das Herz mir brechen?
KENT: Mein eignes eh'r. O geht hinein, mein König!
LEAR: Dir dünkt es hart, daß dieser wüt'ge Sturm
 Uns bis zur Haut durchdringt: so ist es dir;
 Doch wo die größre Krankheit Sitz gefaßt,
 Fühlt man die mindre kaum. Du fliehst den Bären;
 Doch führte dich die Flucht zur brüll'nden See,
 Liefst du dem Bären in den Schlund. Ist frei der Geist,
 Dann fühlt der Körper zart. Der Sturm im Geist
 Raubt meinen Sinnen jegliches Gefühl,
 Nur das bleibt, was hier wühlt – Undank des Kindes!
 Als ob der Mund zerfleischte diese Hand,
 Weil sie ihm Nahrung bot! Schwer will ich strafen! –
 Nicht will ich weinen mehr. In solcher Nacht
 Mich auszusperrn! – Gieß fort; ich will's erdulden. –
 In solcher Nacht, wie die! O Regan, Gon'ril! –
 Euren alten, guten Vater, des freies Herz
 Euch alles gab, – oh, auf dem Weg liegt Wahnsinn! –
 Nein, dahin darf ich nicht: nichts mehr davon!
KENT: Mein guter König, geht hinein!
LEAR: Bitt' dich, geh du hinein, sorg' für dich selbst!
 Der Sturm erlaubt nicht, Dingen nachzusinnen,
 Die mehr mich schmerzen. Doch ich geh' hinein,
 Geh, Bursch, voran! – Du Armut ohne Dach, –
 Nun, geh doch! Ich will beten und dann schlafen.
    (Der Narr geht in die Hütte)

Ihr armen Nackten, wo ihr immer seid,
Die ihr des tück'schen Wetters Schläge duldet,
Wie soll eu'r schirmlos Haupt, hungernder Leib,
Der Lumpen offne Blöß' euch Schutz verleihn
Vor Stürmen, so wie der? Oh, daran dacht' ich
Zu wenig sonst! – Nimm Arzenei, o Pomp!
Gib preis dich, fühl' einmal, was Armut fühlt,
Daß du hinschütt'st für sie dein Überflüss'ges
Und rettest die Gerechtigkeit des Himmels!

EDGAR *(drinnen)*: Anderthalb Klafter! Anderthalb Klafter!
Armer Thoms!

NARR *(indem er aus der Hütte läuft)*: Geh nicht hinein, Gevatter! Hier ist ein Geist! Hülfe! Hülfe!

KENT: Gib mir die Hand! – Wer ist da?

NARR: Ein Geist, ein Geist! Er sagt, er heiße armer Thoms.

KENT: Wer bist du, der im Stroh hier murmelt?
Komm heraus! –

(Edgar tritt auf als Wahnwitziger)

EDGAR: Hinweg! Der böse Feind verfolgt mich.
Durch scharfen Hagedorn saust der kalte Wind: Hu! –
Geh in dein kaltes Bett und wärme dich!

LEAR: Wie? Gabst du alles deinen beiden Töchtern?
Und kamst du so herunter?

EDGAR: Wer gibt dem armen Thoms was? – den der böse Feind durch Feuer und durch Flammen geführt hat, durch Flut und Strudel, über Moor und Sumpf, der ihm Messer unters Kissen gelegt hat und Schlingen unter seinen Stuhl; der ihm Rattengift in die Suppe tat, der ihm Hoffart eingab, auf einem braunen, trabenden Roß über vier Zoll breite Stege zu reiten und seinem eigenen Schatten, wie einem Verräter, nachzujagen. Gott schütze deine fünf Sinne! Thoms friert. *(Vor Frost schaudernd)* O de de de de de! – Gott schütze dich vor Wirbelwinden, vor bösen Sternen und Seuchen! Gebt dem armen Thoms ein Almosen, den der böse Feind heimsucht: hier könnt' ich ihn jetzt haben, und hier – und da, – und hier wieder, – und hier. –

LEAR: Was, brachten ihn die Töchter in solch Elend?
Konnt'st du nichts retten? Gabst du alles hin? –

NARR: Nein, er behielt ein Laken, sonst müßten wir uns alle
schämen.

LEAR: Nun, jede Seuche, die die Luft zur Strafe
Der Sünder herbergt, stürz' auf deine Töchter!

KENT: Herr! Er hat keine Töchter! –

LEAR: Ha, Tod, Rebell! Nichts beugte die Natur
Zu solcher Schmach, als undankbare Töchter. –
Ist's Mode jetzt, daß weggejagte Väter
So wüten müssen an dem eignen Fleisch?
Sinnreiche Strafe! Zeugte doch dies Fleisch
Diese Pelikan-Töchter.

EDGAR: Pillicok saß auf Pillicoks Berg:
Hallo, hallo, hallo!

NARR: Diese kalte Nacht wird uns alle zu Narren und Tollen
machen.

EDGAR: Hüte dich vor dem bösen Feind; gehorch' deinen El-
tern; halte dein Wort; fluche nicht; verführe nicht deines
Nächsten verlobte Braut; stelle deine Sache nicht auf eitle
Pracht; – Thoms friert! –

LEAR: Was bist du gewesen?

EDGAR: Ein Verliebter, stolz an Herz und Sinn, der sein Haar
kräuselte, Handschuh' an seiner Kappe trug, den Lüsten seiner Gebieterin frönte, und das Werk der Finsternis mit ihr
trieb. Ich schwur so viel Eide, als ich Worte redete, und brach
sie im holden Angesicht des Himmels; schlief ein in Gedanken der Wollust und erwachte, sie auszuführen; den Wein
liebte ich kräftig, die Würfel heftig, und mit den Weibern
übertraf ich den Großtürken; falsch von Herz, leicht von
Ohr, blutig von Hand; Schwein in Faulheit, Fuchs im Stehlen,
Wolf in Gier, Hund in Tollheit, Löwe in Raubsucht. Laß
nicht das Knarren der Schuhe, noch das Rascheln der Seide
dein armes Herz den Weibern verraten! Halte deinen Fuß

fern von Bordellen, deine Hand von Schürzen, deine Feder von Schuldbüchern, und trotze dem bösen Feind! Immer noch durch den Hagdorn saust der kalte Wind; ruft Summ, Mum: – Heinonino, Dauphin, mein Junge, hurra! Laß ihn vorbei!

(Anhaltendes Ungewitter)

LEAR: Nun, dir wäre besser in deinem Grabe, als so mit unbedecktem Leib dieser Wut der Lüfte begegnen. Ist der Mensch nicht mehr als das? – Betracht' ihn recht ! Du bist dem Wurm keine Seide schuldig, dem Tier kein Fell, dem Schaf keine Wolle, der Katze keinen Bisam. Ha, drei von uns sind überkünstelt: du bist das Ding selbst; der natürliche Mensch ist nichts mehr, als solch ein armes, nacktes, zweizinkiges Tier wie du. Fort, fort, ihr Zutaten! – Kommt, knöpft mich auf! *(Er reißt sich die Kleider ab)*

NARR: Ich bitt' dich, Gevatter, laß gut sein; das ist eine garstige Nacht zum Schwimmen Jetzt wär' ein kleines Feuer auf einer wüsten Heide wie eines alten Buhlers Herz; ein kleiner Funke, und der ganze übrige Körper kalt. Seht, hier kommt ein wandelndes Feuer. –

EDGAR: Das ist der böse Feind Flibbertigibbet; er kommt mit der Abendglocke und geht um bis zum ersten Hahnenschrei; er bringt den Star und den Schwind, macht das Auge schielend und schickt Hasenscharten, verschrumpft den weißen Weizen und quält die arme Kreatur auf Erden:
Sankt Withold ins Feld dreimal wollt' schreiten:
Kommt die Nachtmähr' und ihre neun Füllen von weitem;
        Da dräut er gleich:
        Entweich'! Entweich'!
        Und trolle dich, Alp, und troll' dich!

KENT: Wie geht's, mein König?

(Gloster kommt mit einer Fackel)

LEAR: Wer ist der?

KENT: Wer da? Wen sucht Ihr?

GLOSTER: Wer seid ihr? Eure Namen? –

EDGAR: Der arme Thoms, der den schwimmenden Frosch ißt, die Kröte, die Unke, den Kellermolch und den Wassermolch; der in der Wut seines Herzens, wenn der böse Feind tobt, Kuhmist für Salat ißt, die alte Ratte verschlingt und den toten Hund; den grünen Mantel des stehenden Pfuhls trinkt; gepeitscht wird von Kirchspiel zu Kirchspiel und in die Eisen gesteckt, gestäupt und eingekerkert; der drei Kleider hatte für seinen Rücken, sechs Hemden für seinen Leib, zum Reiten ein Pferd, zum Tragen ein Schwert: –
    Doch Mäus' und Ratten und solch Getier
    Aß Thoms sieben Jahr lang für und für.
Hütet euch vor meinem Verfolger! Still, Smolkin, still, du böser Feind! –

GLOSTER: Wie, gnäd'ger Herr! Nicht bessere Gesellschaft?

EDGAR: Der Fürst der Finsternis ist ein Edelmann, Modo heißt er und Mahu.

GLOSTER: Ach, unser Fleisch und Blut, Herr, ward so schlecht, Daß es die haßt, die es erzeugt. –

EDGAR: Thoms friert! –

GLOSTER: Kommt mit mir, meine Treu' erträgt es nicht,
Zu folgen Eurer Töchter hartem Willen;
Befahlen sie mir gleich, die Tür zu schließen,
Euch preis zu geben der tyrann'schen Nacht:
Doch hab' ich's drauf gewagt, Euch auszuspähn,
Und führ' Euch hin, wo Mahl bereit und Feuer.

LEAR: Erst red' ich noch mit diesem Philosophen:
Woher entsteht der Donner?

KENT: Mein teurer Herr! Nehmt seinen Vorschlag an,
Geht in das Haus!

LEAR: Ein Wort mit diesem kundigen Thebaner: –
Was ist dein Studium?

EDGAR: Den Teufel fliehn und Ungeziefer töten.

LEAR: Ein Wort mit Euch noch insgeheim!

KENT: Drängt ihn noch einmal, mitzugehn, Mylord!
    (Das Ungewitter dauert fort)

Sein Geist beginnt zu schwärmen.

GLOSTER: Kannst du's tadeln?
Die Töchter suchen seinen Tod. Das sagt'st du
Voraus, du guter Kent! Du armer Flüchtling!
Du fürcht'st, der König wird verrückt; glaub' mir,
Fast bin ich's selber auch: ich hatt' 'nen Sohn,
Verstoßen jetzt, er stand mir nach dem Leben
Erst neulich, eben jetzt: – ich liebt' ihn, Freund,
Mehr liebt' kein Vater je; ich sage dir,
Der Gram zerstört den Geist mir. Welche Nacht! –
Ich bitt' Eu'r Hoheit –

LEAR: Oh, verzeiht;
Mein edler Philosoph, begleitet uns!

EDGAR: Thoms friert.

GLOSTER: Hinein, Bursch, in die Hütte, halt' dich warm!

LEAR: Kommt all hinein!

KENT: Hierher, Mylord!

LEAR: Mit ihm;
Ich bleibe noch mit meinem Philosophen.

KENT: Willfahrt ihm, Herr, gebt ihm den Burschen mit!

GLOSTER: So nehmt ihn mit!

KENT: Du folg' uns! Komm mit uns!

LEAR: Komm, mein Athener!

GLOSTER: Nicht viel Worte, still! –

EDGAR: Herr Roland kam zum finstern Thurn,
              Sein Wort war stets: »Seid auf der Hut,
              Ich wittr', ich wittre Britenblut.« –   *(Sie gehn alle ab)*

Fünfte Szene

CORNWALL: Ich will Rache an ihm, eh' ich sein Haus verlasse.

EDMUND: Mylord, wie man mich tadeln wird, daß ich so die Natur meinem Diensteifer geopfert, – daran denk' ich mit Schaudern.

CORNWALL: Ich sehe nun ein, daß Euer Bruder nicht so ganz aus Bösartigkeit seinen Tod suchte; es war vielmehr ein treibendes Gefühl, durch die Schlechtigkeit des Alten erregt.

EDMUND: Wie heimtückisch ist mein Schicksal, daß ich bejammern muß, gerecht zu sein! – Hier ist der Brief, von dem er sprach, aus dem hervorgeht, daß er ein geheimer Anhänger der französischen Partei ist. O Himmel! daß dieser Verrat nicht wäre, oder ich nicht der Entdecker! –

CORNWALL: Kommt mit mir zur Herzogin!

EDMUND: Wenn der Inhalt dieses Briefes wahr ist, so habt Ihr wichtige Dinge zu erledigen.

CORNWALL: Wahr oder falsch, er hat dich zum Grafen von Gloster gemacht. Suche deinen Vater auf, daß er gleich zur Rechenschaft gezogen werde!

EDMUND *(beiseit)*: Finde ich ihn beschäftigt, dem König beizustehn, so wird das den Argwohn noch verstärken.   *(Laut)* Ich will in meiner Treue fortfahren, wie schmerzlich auch der Kampf zwischen mir und meinem Herzen ist.

CORNWALL: Du sollst mein Vertrauen besitzen und in meiner Liebe einen bessern Vater finden.   *(Sie gehn ab)*

Sechste Szene

IN EINER HÜTTE
Kent und Gloster treten ein

GLOSTER: Hier ist's besser, als in der freien Luft; nehmt es dankbar an; ich werde zu eurer Bequemlichkeit hier hinzufügen, was ich vermag; gleich bin ich wieder bei euch.

KENT: Alle Kraft seines Geistes ist seiner Ungeduld gewichen. Die Götter lohnen Euch Eure Freundlichkeit! –

(Gloster geht ab)

(Lear, Edgar und der Narr kommen herein)

EDGAR: Frateretto ruft mir und sagt, Nero fische im Pfuhl der Finsternis. *(Zum Narren)* Bete, du Unschuldiger, und hüte dich vor dem bösen Feind!

NARR: Bitt' dich, Gevatter, sag mir, ist ein toller Mann ein Edelmann oder ein Bürgersmann? –

LEAR: Ein König, ein König! –

NARR: Nein, 's ist ein Bürgersmann, der einen Edelmann zum Sohn hat; denn der ist ein wahnsinniger Bürgersmann, der seinen Sohn früher als sich zum Edelmann werden sieht.

LEAR: Daß ihrer tausend mit rotglüh'nden Spießen
Laut zischend auf sie stürzten! –

EDGAR: Der böse Feind beißt mich im Rücken.

NARR: Der ist toll, der auf die Zahmheit eines Wolfs baut, auf die Gesundheit eines Pferdes, eines Knaben Liebe, oder einer Hure Schwur.

LEAR: Es soll geschehn, gleich sprech' ich euer Urteil.
(Zu Edgar) Komm, setz' dich her, du hochgelehrter Richter;
(Zum Narren) Du, weiser Herr, sitz' hier! Nun, ihr Wölfinnen!

EDGAR: Sieh, wie er steht und glotzt; – habt Ihr keine Augen vor Gericht, schöne Dame? –
Komm übern Bach, mein Liesel, zu mir!

NARR: Ihr Kahn ist nicht dicht,
Doch sagt sie dir's nicht,
Warum sie 'rüber nicht darf zu dir.

74

EDGAR: Der böse Feind verfolgt den armen Thoms mit der Stimme der Nachtigall. Hoptanz schreit in Thoms Bauch nach zwei Heringen. Krächze nicht, schwarzer Engel! Ich habe kein Futter für dich.

KENT: Nun, bester Herr? Oh, steht nicht so betäubt!
Wollt Ihr Euch legen, auf den Kissen ruhn?

LEAR: Erst das Verhör: Bringt mir die Zeugen her!
(Zu Edgar) Du, Ratsherr im Talar, nimm deinen Platz;
(Zum Narren) Und du, sein Amtsgenoß der Richterwürde,
Sitz' ihm zur Seite! *(Zu Kent)* Ihr seid auch Geschworner,
Setzt Euch gleichfalls!

EDGAR: Laßt uns gerecht verfahren!
Schläfst oder wachst du, artiger Schäfer?
Deine Schäfchen im Korne gehen,
Und flötet nur einmal dein niedlicher Mund,
Deinen Schäfchen kein Leid soll geschehen.
Purr! die Katz' ist grau.

LEAR: Sprecht über die zuerst: 's ist Goneril. Ich schwöre hier vor dieser ehrenwerten Versammlung, sie hat den armen König, ihren Vater, mit Füßen getreten.

NARR: Kommt, Lady! Ist Eu'r Name Goneril?

LEAR: Sie kann's nicht leugnen.

NARR: Verzeiht! ich hielt Euch für 'nen Sessel.

LEAR: Und hier noch eine, deren scheeler Blick
Ihr finstres Herz verrät. Oh, haltet fest!
He! Waffen, Waffen, Feuer, Schwert! – Bestechung!
Du falscher Richter, läßt du sie entfliehn?

EDGAR: Gott erhalte dir deine fünf Sinne!

KENT: O Jammer! – Herr, wo ist nun die Geduld,
Die Ihr so oft Euch rühmtet zu bewahren?

EDGAR *(beiseit)*: Meine Tränen nehmen so Partei für ihn,
Daß sie mein Spiel verderben.

LEAR: Die kleinen Hunde, seht,
Spitz, Mops, Blandine, alle bell'n mich an.

EDGAR: Thoms wird seinen Kopf nach ihnen werfen. Hinaus
mit euch, ihr Kläffer! –

> Sei dein Maul schwarz oder weiß,
> Sei's von gift'gem Geifer heiß,
> Windspiel, Bullenbeißer, Jagdhund,
> Bracke, Pudel, Dogg' und Schlachthund,
> Lang- und Stumpfschwanz, all ihr Köter,
> Hört ihr Thoms, so schreit ihr Zeter,
> Denn werf' ich so den Kopf nach euch,
> Rennt ihr und springt in Graben und Teich.

Du di du di, Sessa! – Kommt auf die Kirmes und den Jahr-
markt! – Armer Thoms! – Dein Horn ist trocken.

LEAR: Nun laßt sie Regan anatomieren und sehn, was in ihrem
Herzen brütet! Gibt's irgend eine Ursach' in der Natur, die
diese harten Herzen hervorbringt? – *(Zu Edgar)* Euch, Herr,
halte ich als einen meiner Hundert; nur gefällt mir der Schnitt
Eures Habits nicht. Ihr werdet sagen, es sei persische Tracht;
aber laßt ihn ändern!

KENT: Nun, teurer Herr, ruht hier und schlaft ein Weilchen!

LEAR: Macht keinen Lärm, macht keinen Lärm; zieht den Vorhang zu! So, so, so; wir wollen zur Abendtafel morgen früh
gehn; so, so, so.

NARR: Und ich will am Mittag zu Bett gehn.

(Gloster kommt zurück)

GLOSTER:

> Komm her, Freund, sag, wo ist mein Herr, der König?

KENT:

> Hier, Herr! Doch stört ihn nicht, er ist von Sinnen.

GLOSTER: Du guter Mann, nimm ihn in deine Arme;

> Von einem Vorschlag, ihn zu töten, hört' ich:
> Ich hab' 'ne Sänfte, leg' ihn da hinein,
> Und rasch nach Dover, wo du finden wirst
> Schutz und Willkommen. Eil' und nimm ihn auf; –
> Säumst du 'ne halbe Stunde nur, so ist
> Sein Leben, deins und aller, die ihn schützen,

Verloren ohne Rettung: fort denn, fort!
Und folge mir; ich schaffe, dich zu schützen,
Ein schnell Geleit.

KENT: Schläfst du, erschöpfte Kraft? –
Ein Balsam wär's für dein zerrißnes Leben,
Das, ist dir solche Lind'rung nicht vergönnt,
Wohl schwer gesundet. –
                    (Zum Narr'n) Komm, hilf deinem Herrn,
Du darfst zurück nicht bleiben.

GLOSTER: Kommt hinweg!
(Kent, Gloster und der Narr tragen den König fort)
(Edgar bleibt allein)

EDGAR: Sehn wir den Größern tragen unsern Schmerz,
Kaum rührt das eigne Leid noch unser Herz.
Wer einsam duldet, fühlt die tiefste Pein,
Fern jeder Lust, trägt er den Schmerz allein:
Doch kann das Herz viel Leiden überwinden,
Wenn sich zur Qual und Not Genossen finden.
Mein Unglück dünkt mir leicht und minder scharf,
Da, was mich beugt, den König niederwarf;
Er kind-, ich vaterlos! Nun, Thoms, wohlan,
Merk' auf den Sturm der Zeit; erschein' erst dann,
Wenn die Verleumdung, deren Schmach dich peinigt,
Beschämt durch Prüfung deinen Namen reinigt!
Komme was will zur Nacht: flieht nur der König! –
Gib acht! Gib acht!   *(Geht ab)*

Siebente Szene
GLOSTERS SCHLOSS
Es treten auf Cornwall, Regan, Goneril, Edmund und Bediente

CORNWALL: Eilt sogleich zu Mylord, Eurem Gemahl: zeigt ihm
diesen Brief: die französische Armee ist gelandet. Geht, sucht
den Schurken Gloster! *(Einige Bediente gehn ab)*

REGAN: Hängt ihn ohne weiteres!

GONERIL: Reißt ihm die Augen aus!

CORNWALL: Überlaßt ihn meinem Unwillen! Edmund, leistet Ihr unsrer Schwester Gesellschaft; die Rache, die wir an Eurem verräterischen Vater zu nehmen gezwungen sind, verträgt Eure Gegenwart nicht wohl. – Ermahnt den Herzog, wenn Ihr zu ihm kommt, zur schleunigsten Rüstung; wir sind zum Gleichen verpflichtet. Unsre Boten sollen schnell sein und das Verständnis zwischen uns erhalten. Lebt wohl, liebe Schwester, – lebt wohl, Mylord von Gloster!

(Haushofmeister tritt auf)

CORNWALL: Nun? wo ist der König?

HAUSHOFMEISTER: Mylord von Gloster hat ihn fortgeführt.
Fünf- oder sechsunddreißig seiner Ritter,
Ihn eifrig suchend, trafen ihn am Tor,
Und ziehn, nebst andern von des Lords Vasallen,
Mit ihm nach Dover, wo sie rüst'ger Freunde
Sich rühmen.

CORNWALL: Schafft die Pferde Eurer Herrin!

GONERIL: Lebt wohl, Mylord und Schwester!

(Goneril und Edmund gehn ab)

CORNWALL: Edmund, leb wohl! – Sucht den Verräter Gloster,
Bind't ihn, gleich wie 'nen Dieb, führt ihn hieher!
Obgleich wir ihm nicht wohl ans Leben können
Ohn' alle Rechtsform: doch soll unsre Macht
Willfahren unserm Zorn, was man zwar tadeln,
Nicht hindern mag. Wer kommt? Ist's der Verräter?

(Bediente kommen mit Gloster)

REGAN: Der undankbare Fuchs! Er ist's.

CORNWALL: Bind't ihm die welken Arme!

GLOSTER: Was meint Eu'r Hoheit? Freunde, denkt, ihr seid Hier meine Gäste; frevelt nicht an mir!

CORNWALL: Bind't ihn! *(Gloster wird gebunden)*

REGAN: Fest! Fest! O schändlicher Verräter!

GLOSTER: Du unbarmherz'ge Frau, das war ich nie. –

CORNWALL:
  Bind't ihn an diesen Stuhl: Schuft, du sollst sehn –
      (Regan zupft ihn am Barte)
GLOSTER: Beim güt'gen Himmel, das ist höchst unedel,
  Zu raufen meinen Bart!
REGAN: So weiß, und solch ein Schelm!
GLOSTER: Ruchlose Frau,
  Dies Haar, das du entreißest meinem Kinn,
  Verklagt dich droben einst; ich bin Eu'r Wirt;
  Ihr solltet nicht mit Räuberhand mißhandeln
  Mein gastlich Angesicht. Was wollt Ihr tun?
CORNWALL:
  Sprecht, was für Briefe schrieb man Euch aus Frankreich?
REGAN: Antwortet schlicht, wir wissen schon die Wahrheit.
CORNWALL: Und welchen Bund habt Ihr mit den Verrätern,
  Die jetzt gelandet sind?
REGAN: In wessen Hand gabt Ihr den tollen König?
  Sprecht!
GLOSTER: Einen Brief erhielt ich voll Vermutung,
  Von jemand, der zu keiner Seite neigt,
  Und der nicht feindlich ist.
CORNWALL: Ausflucht!
REGAN: Und falsch!
CORNWALL: Wo sandtest du den König hin?
GLOSTER: Nach Dover.
REGAN: Warum nach Dover?
  Stand nicht dein Leben drauf –
CORNWALL: Warum nach Dover? Erst erklär' er das!
GLOSTER: Am Pfahle fest muß ich die Hatze dulden.
REGAN: Warum nach Dover?
GLOSTER: Weil ich nicht wollte sehn, wie deine Nägel
  Ausrissen seine armen, alten Augen;
  Noch wie die unbarmherz'ge Goneril
  In sein gesalbtes Fleisch die Hauer schlage.
  Die See, in solchem Sturm, wie er ihn barhaupt

In höllenfinstrer Nacht erduldet, hätte
Sich aufgebäumt, verlöscht die ew'gen Lichter:
Doch armes, altes Herz, er half
Dem Himmel regnen. Wenn ein Wolf geheult
In jener grausen Nacht an deinem Tor,
Du hätt'st gerufen: »Pförtner, tu' doch auf!« –
Wer grausam sonst, ward mild. Doch seh' ich noch
Beschwingte Rach' ereilen solche Kinder.

CORNWALL: Sehn wirst du's nimmer. Halte fest den Stuhl,
Auf deine Augen setz' ich meinen Fuß.

GLOSTER: Wer noch das Alter zu erleben hofft,
Der steh' mir bei: – o grausam! O ihr Götter! –

REGAN: Eins wird das andre höhnen; jenes auch.

CORNWALL: Siehst du nun Rache? –

DIENER: Haltet ein, Mylord!
Seit meiner Kindheit hab' ich Euch gedient,
Doch bessern Dienst erwies ich Euch noch nie
Als jetzt Euch: Halt! zurufen.

REGAN: Was, du Hund?

DIENER: Wenn Ihr 'nen Bart am Kinn trügt, ich zaust' ihn
Bei solchem Streit; was habt Ihr vor?

CORNWALL: Mein Sklav'?
(Er zieht den Degen)

DIENER: Nun, dann nehmt hin, was Wut und Zufall bringen!
(Sie fechten; Cornwall wird verwundet)

REGAN *(zu einem Bedienten)*:
Gib mir dein Schwert; lehnt sich ein Bauer auf?
(Sie durchsticht ihn von hinten)

DIENER: Oh, ich bin hin! Mylord, Euch blieb *ein* Auge,
Die Straf' an ihm zu sehn. – Oh! *(Er stirbt)*

CORNWALL: Dafür ist Rat: heraus, du schnöder Gallert! –
Wo ist dein Glanz nun?

GLOSTER: Alles Nacht und trostlos.
Wo ist mein Sohn Edmund? –
Edmund, schür' alle Funken der Natur,

Und räche diesen Greu'l.

REGAN: Ha, falscher Bube,
Du rufst den, der dich haßt: er selber war's,
Der deinen Hochverrat entdeckt; er ist
Zu gut, dich zu bedauern.

GLOSTER: O mein Wahnsinn!
Dann tat ich Edgar Unrecht,
Götter, vergebt mir das, und segnet ihn! –

REGAN: Fort, werft ihn aus dem Tor, dann mag er riechen
Den Weg nach Dover. *(Gloster wird weggebracht)*
Wie ist Euch, Herr? – Wie geht's?

CORNWALL: Er schlug mir eine Wunde. – Folgt mir, Lady!
Hinaus den blinden Schurken! Diesen Hund
Werft auf den Mist! Regan, ich blute stark;
Dies kommt zur Unzeit. Gib mir deinen Arm!
(Regan führt Cornwall ab)

ERSTER DIENER: Ich achte nicht, was ich für Sünde tu',
Wenn's dem noch wohl geht.

ZWEITER DIENER: Lebt sie lange noch,
Und endigt leichten Tods nach altem Brauch,
So werden alle Weiber Ungeheuer.

ERSTER DIENER:
Ihm nach, dem alten Grafen; schafft den Tollen,
Daß er ihn führen mag: sein Bettler-Wahnsinn
Läßt sich zu allem brauchen.

ZWEITER DIENER: Geh nur, ich hol' ihm Flachs und Eierweiß,
Es auf sein blutiges Gesicht zu legen;
Der Himmel helf' ihm! – *(Sie gehn ab nach verschiednen Sei-ten)*

Vierter Aufzug

Erste Szene
FREIES FELD
Edgar tritt auf

EDGAR: Doch besser so und sich verachtet wissen,
Als stets verachtet und geschmeichelt sein.
Ist man ganz elend,
Das niedrigste, vom Glück geschmäht'ste Wesen,
Lebt man in Hoffnung noch und nicht in Furcht.
Beweinenswerter Wechsel trifft nur Bestes,
Das Schlimmste kehrt zum Lachen. Drum willkommen,
Du wesenlose Luft, die ich umfasse! –
Der Ärmste, den du warfst ins tiefste Elend,
Fragt nichts nach deinen Stürmen. – Doch wer kommt hier?
(Gloster, von einem alten Manne geführt)
Mein Vater, bettlergleich geführt? Welt, Welt, o Welt!
Lehrt' uns dein seltsam Wechseln dich nicht hassen,
Das Leben beugte nimmer sich dem Alter. –
ALTER MANN: O lieber, gnäd'ger Herr, ich war Euer Pächter
und Eures Vaters Pächter an die achtzig Jahre.
GLOSTER: Geh deines Wegs, verlaß mich, guter Alter;
Dein Beistand kann mir doch nicht nützlich sein,
Dir möcht' er schaden.
ALTER MANN: Ach, Herr, Ihr könnt ja Euren Weg nicht sehn.
GLOSTER: Ich habe keinen, brauch' drum keine Augen;
Ich strauchelt', als ich sah. Oft zeigt sich's, Mangel
Wird uns zum Heil, und die Entbehrung selbst
Gedeiht zur Hülfe. O mein Sohn! mein Edgar,
Den des betrognen Vaters Zorn vernichtet! –
Erlebt' ich noch, umarmend dich zu sehn,
Dann spräch' ich, wieder hab' ich Augen! –

ALTER MANN: Wer da?

EDGAR *(beiseit)*:
Gott, wer darf sagen: Schlimmer kann's nicht werden?
'S ist schlimmer nun als je.

ALTER MANN: Der tolle Thoms! –

EDGAR *(beiseit)*:
Und kann noch schlimmer gehn; 's ist nicht das Schlimmste,
Solang' man sagen kann: »Dies ist das Schlimmste.«

ALTER MANN: Wo willst du hin, Gesell?

GLOSTER: Ist er ein Bettler?

ALTER MANN: Ein Toller und ein Bettler.

GLOSTER: Er hat Vernunft noch, sonst könnt' er nicht betteln;
Im letzten Nachtsturm sah ich solchen Wicht,
Und für 'nen Wurm mußt' ich den Menschen halten;
Da kam mein Sohn mir ins Gemüt, und doch
War mein Gemüt ihm damals kaum befreundet.
Seitdem erfuhr ich mehr; was Fliegen sind
Den müß'gen Knaben, das sind wir den Göttern;
Sie töten uns zum Spaß.

EDGAR *(beiseit)*:   Ist mir's denn möglich?
Ein schlecht Gewerb', beim Gram den Narren spielen;
Man ärgert sich und andre. *(Laut)* Grüß' Euch Gott! –

GLOSTER: Ist das der nackte Bursch'?

ALTER MANN: Ja, gnäd'ger Herr.

GLOSTER:
Dann geh, mein Freund! Willst du uns wieder treffen,
Ein zwei, drei Meilen weiter auf der Straße
Nach Dover zu, so tu's aus alter Liebe,
Und bring' 'ne Hülle für die nackte Seele:
Er soll mich führen.

ALTER MANN: Ach! er ist ja toll! –

GLOSTER: 'S ist Fluch der Zeit, daß Tolle Blinde führen! –
Tu', was ich bat, oder auch, was du willst;
Vor allem geh!

ALTER MANN: Den besten Anzug hol' ich, den ich habe,

Entstehe draus, was mag! *(Er geht ab)*

GLOSTER: Hör', nackter Bursch!

EDGAR:

Der arme Thoms friert. *(Beiseit)* Ich halte mich nicht länger!

GLOSTER: Komm her, Gesell!

EDGAR *(beiseit)*: Und doch, ich muß.

(Laut) Gott schütz' die lieben Augen dir, sie bluten. –

GLOSTER: Weißt du den Weg nach Dover?

EDGAR: Steg' und Hecken, Fahrweg und Fußpfad. Der arme Thoms ist um seine gesunden Sinne gekommen. Gott schütze dich, du gutes Menschenkind, vorm bösen Feind! Fünf Teufel waren zugleich im armen Thoms: der Geist der Lust, Obidicut; Hoptanz, der Fürst der Stummheit; Mahu, des Stehlens; Modu, des Mords; und Flibbertigibbet, der Grimassenteufel, der seitdem in die Zofen und Stubenmädchen gefahren ist. Gott helfe dir, Herr! –

GLOSTER: Hier nimm die Börse, du, den Zorn des Himmels
Zu jedem Fluch gebeugt; daß ich im Elend,
Macht dich beglückter. – So ist's recht, ihr Götter! –
Laßt stets den üpp'gen, wollusttrunknen Mann,
Der eurer Satzung trotzt, der nicht will sehen,
Weil er nicht fühlt, schnell eure Macht empfinden:
Verteilung tilgte dann das Übermaß,
Und jeder hätte g'nug. Sag, weißt du Dover?

EDGAR: Ja, Herr!

GLOSTER: Dort ist ein Fels, des hohe, steile Klippe
Furchtbar hinabschaut in die jähe Tiefe:
Bring' mich nur hin an seinen letzten Rand;
Und lindern will ich deines Elends Bürde
Mit einem Kleinod – von dem Ort bedarf
Ich keines Führers mehr.

EDGAR: Gib mir den Arm:
Thoms will dich führen. *(Sie gehn ab)*

Zweite Szene

SCHLOSS DES HERZOGS VON ALBANIEN
Es treten auf Goneril und Edmund, von der andern Seite
der Haushofmeister

GONERIL:

Willkomm'n, Mylord! mich wundert, daß mein sanfter Mann
Uns nicht entgegen kam. – Wo ist dein Herr?

HAUSHOFMEISTER:

Drin, gnäd'ge Frau; doch ganz und gar verändert.
Ich sagt' ihm von dem Heer, das jüngst gelandet,
Da lächelt' er; ich sagt' ihm, daß Ihr kämt;
Er rief: »So schlimmer!« Als ich drauf berichtet
Von Glosters Hochverrat und seines Sohnes
Getreuem Dienst, da schalt er mich 'nen Dummkopf,
Und sprach, daß ich verkehrt die Sache nähme;
Was ihm mißfallen sollte, scheint ihm lieb,
Was ihm gefallen, leid.

GONERIL *(zu Edmund):*   Dann geht nicht weiter;
'S ist die verzagte Feigheit seines Geists,
Die nichts zu unternehmen wagt: kein Unrecht rührt ihn,
Soll er die Spitze bieten. Unser Wunsch
Von unterwegs kann in Erfüllung gehn;
Eilt denn zurück zu meinem Bruder, Edmund,
Beschleunigt seine Rüstung, führt sein Heer:
Ich muß die Waffen wechseln und die Kunkel
Dem Manne geben. Dieser treue Diener
Soll unser Bote sein; bald hört Ihr wohl,
Wenn Ihr zu Eurem Vorteil wagen wollt,
Was Eure Dame wünscht. Tragt dies; kein Wort! –
Neigt Euer Haupt: der Kuß, dürft' er nur reden,
Erhöbe dir den Mut in alle Lüfte: –
Versteh' mich und leb wohl!

EDMUND: Dein in den Reih'n des Tods! *(Er geht ab)*

GONERIL: Mein teurer Gloster! –

85

O welch ein Abstand zwischen Mann und Mann! –
Ja, dir gebührt des Weibes Gunst; mein Narr
Besitzt mich wider Recht.

HAUSHOFMEISTER: Der Herzog, gnäd'ge Frau!

(Haushofmeister geht ab)

(Albanien tritt auf)

GONERIL: Sonst war ich doch des Pfeifens wert! –

ALBANIEN: O Goneril,
Du bist des Staubs nicht wert, den dir der Wind
Ins Antlitz weht. Ich fürchte dein Gemüt: –
Ein Wesen, das verachtet seinen Stamm,
Kann nimmer fest begrenzt sein in sich selbst.
Sie, die vom mütterlichen Baum sich löst
Und selber abzweigt, muß durchaus verwelken
Und Todeswerkzeug sein.

GONERIL: Nicht mehr: der Text ist albern.

ALBANIEN:
Weisheit und Tugend scheint dem Schlechten schlecht;
Schmutz riecht sich selber nur. Was tatet ihr?
Tiger, nicht Töchter, was habt ihr verübt! –
Ein Vater und ein gnadenreicher Greis,
Den wohl der zott'ge Bär in Ehrfurcht leckte –
O Schmach! O Schandtat! fiel durch euch in Wahnsinn!
Und litt mein edler Bruder solche Tat,
Ein Mann, ein Fürst, der ihm so viel verdankt? –
Schickt nicht der Himmel sichtbar seine Geister
Alsbald herab, zu zügeln diese Greu'l,
Muß Menschheit an sich selbst zum Raubtier werden,
Wie Ungeheu'r der Tiefe.

GONERIL: Milchherz'ger Mann!
Der Wangen hat für Schläg', ein Haupt für Schimpf,
Dem nicht ein Auge ward, zu unterscheiden,
Was Ehre sei, was Kränkung; der nicht weiß,
Daß Toren nur den Schuft bedauern, der
Bestraft ward, eh' er fehlt'! – Was schweigt die Trommel?

Frankreichs Panier weht hier im stillen Land;
Mit stolzem Helmbusch droht dein Mörder schon,
Und du, ein Tugendnarr, bleibst still und stöhnst:
»Ach, warum tut er das?«
ALBANIEN: Schau' auf dich, Teufel;
   Die eigne Häßlichkeit ist nicht am Satan
   So grau'nvoll, als am Weibe.
GONERIL: Blöder Tor!
ALBANIEN: Schmach dir, entstellt, verwandelt Wesen, mach'
   Dein Antlitz nicht zum Scheusal! Ziemte mir's,
   Daß diese Hand gehorchte meinem Blut,
   Sie möchte leicht zerreißen dir und trennen
   Fleisch und Gebein! Wie sehr du Teufel bist,
   Die Weibsgestalt beschützt dich.
GONERIL: Ei, welche Mannheit nun! –

                   (Ein Bote tritt auf)

ALBANIEN: Was bringst du Neues?
BOTE: O gnäd'ger Herr, tot ist der Herzog Cornwall;
   Ihn schlug sein Knecht, als er ausreißen wollte
   Graf Glosters zweites Auge.
ALBANIEN: Glosters Augen?
BOTE: Ein Knecht, den er erzog, gereizt von Mitleid,
   Die Tat zu hindern, zückte seinen Degen
   Auf seinen großen Herrn – der, drob ergrimmt,
   Ihn rasch mit andrer Hülfe niederstieß –
   Doch traf ihn schon der Todesstreich, der jetzt
   Ihn nachgeholt.
ALBANIEN: Das zeigt, ihr waltet droben,
   Ihr Richter, die so schnell der Erde Freveln
   Die Rache senden. Doch, o armer Gloster,
   Verlor er beide Augen?
BOTE: Beide, Herr!
   Der Brief, Mylady, fordert schnelle Antwort,
   Er kommt von Eurer Schwester.
GONERIL *(beiseit)*:   Halb gefällt's mir;

Doch, da sie Witwe, und bei ihr mein Gloster,
Könnt' all der luft'ge Bau zusammenstürzen
Auf mein verhaßtes Leben. Andrerseits
Mundet die Nachricht wenig. Ich will lesen,
Und Antwort senden. *(Sie geht ab)*

ALBANIEN: Wo war sein Sohn, als sie ihn blendeten?

BOTE: Er kam mit Eurer Gattin.

ALBANIEN: Er ist nicht hier.

BOTE: Mein gnäd'ger Herr, ich traf ihn auf dem Rückweg.

ALBANIEN: Weiß er die Greueltat?

BOTE: Ja, gnäd'ger Herr! Er war's, der ihn verriet,
Und den Palast vorsätzlich mied, der Strafe
So freiern Lauf zu lassen.

ALBANIEN: Ich lebe, Gloster,
Die Treu', die du dem König zeigst, zu lohnen,
Und dein Gesicht zu rächen! – Folg' mir, Freund,
Und sag mir, was du sonst noch weißt.   *(Sie gehn ab)*

Dritte Szene
DAS FRANZÖSISCHE LAGER BEI DOVER
Es treten auf Kent und ein Ritter

KENT: Warum der König von Frankreich so plötzlich zurückge-
gangen ist: wißt Ihr die Ursach'?

EDELMANN: Es war ein Staatsgeschäft noch nicht vollendet,
Das nach der Landung er bedacht; es drohte
Dem Königreich so viel Gefahr und Schrecken,
Daß eigne Gegenwart höchst dringend schien
Und unvermeidlich.

KENT: Wen ließ er hier zurück als seinen Feldherrn?

EDELMANN: Den Marschall Frankreichs, *Monseigneur le Fèr.*

KENT: Reizten Eure Briefe die Königin nicht zu Äußerungen
des Schmerzes?

EDELMANN: Ja wohl, sie nahm sie, las in meinem Beisein,

Und dann und wann rollt' eine volle Träne
Die zarte Wang' herab; es schien, daß sie
Als Kön'gin ihren Schmerz regierte, der
Rebellisch wollt' ihr König sein.

KENT: Oh, dann
Ward sie bewegt.

EDELMANN: Doch nicht zum Zorn. Geduld und Kummer strit-
Wer ihr den stärksten Ausdruck lieh. Ihr saht   [ten,
Regen zugleich und Sonnenschein: ihr Lächeln
Und ihre Tränen war wie Frühlingstag.
Dies sel'ge Lächeln, das die frischen Lippen
Umspielte, schien, als wiss' es um die Gäste
Der Augen nicht, die so von diesen schieden,
Wie Perlen von Demanten tropfen. Kurz,
Der Gram würd' als ein Schatz gesucht, wenn jeden
Er also schmückte.

KENT: Hat sie nichts gesprochen?

EDELMANN: Ja, mehrmals seufzte sie den Namen »Vater«
Stöhnend hervor, als preßt' er ihr das Herz:
Rief: »Schwestern! Schwestern! Schmach der Frauen!
                                        Schwestern!
Kent! Vater! Schwestern! Was, in Sturm und Nacht?
Glaubt an kein Mitleid mehr!« Dann strömten ihr
Die heil'gen Tränen aus den Himmelsaugen,
Und netzten ihren Laut; sie stürzte fort,
Allein mit ihrem Gram zu sein.

KENT: Die Sterne,
Die Sterne bilden unsre Sinnesart,
Sonst zeugte nicht so ganz verschiedne Kinder
Ein und dasselbe Paar. – Spracht Ihr sie noch?

EDELMANN: Nein.

KENT: War's vor des Königs Reise?

EDELMANN: Nein, hernach.

KENT: Gut, Herr!
Der arme kranke Lear ist in der Stadt;

Manchmal in beßrer Stimmung wird's ihm klar,
Warum wir hier sind, und auf keine Weise
Will er die Tochter sehn.

EDELMANN: Weshalb nicht, Herr? –

KENT: Ihn überwältigt so die Scham – sein harter Sinn,
Der seinen Segen ihr entzog, sie preis gab
Dem fremden Zufall, und ihr teures Erbrecht
Den hünd'schen Töchtern lieh, – das alles sticht
So giftig ihm das Herz, daß glüh'nde Scham
Ihn von Cordelien fern hält.

EDELMANN: Armer Herr!

KENT: Wißt Ihr von Cornwalls und Albaniens Macht?

EDELMANN: 'S ist wie gesagt: sie stehn im Feld.

KENT: Ich bring' Euch jetzt zu unserm König Lear,
Und lass' ihn Eurer Pflege. Wicht'ge Gründe
Gebieten, mich verborgen noch zu halten;
Geb' ich mich kund, so wird's Euch nicht gereuen,
Daß Ihr mich jetzt gekannt Ich bitt' Euch, kommt,
Begleitet mich! *(Sie gehn ab)*

Vierte Szene

FREIES FELD
Trommeln und Fahnen. Cordelia, ein Arzt, Gefolge,
Edelleute und Soldaten treten auf

CORDELIA: O Gott, er ist's; man traf ihn eben noch
In Wut, wie das empörte Meer; laut singend,
Bekränzt mit wildem Erdrauch, Windenranken,
Mit Kletten, Schierling, Nesseln, Kuckucksblumen
Und allem müß'gen Unkraut, welches wächst
Im nährenden Weizen. Hundert schickt und mehr;
Durchforscht jedwedes hochbewachsne Feld
Und bringt ihn zu uns! – Was vermag die Kunst,
Ihm herzustellen die beraubten Sinne?

Er, der ihn heilt, nehm' alle meine Schätze!
ARZT: Es gibt noch Mittel, Fürstin!
Die beste Wärt'rin der Natur ist Ruhe,
Die ihm gebricht; und diese ihm zu schenken,
Vermag manch wirksam Heilkraut, dessen Kraft
Des Wahnsinns Augen schließen wird.
CORDELIA: All ihr gesegneten, geheimen Wunder,
All ihr verborgnen Kräfte der Natur,
Sprießt auf durch meine Tränen! Lindert, heilt
Des guten Greises Weh! Sucht, sucht nach ihm,
Eh' seine blinde Wut das Leben löst,
Das sich nicht führen kann.
(Ein Bote tritt auf)
BOTE: Vernehmt, Mylady,
Die brit'sche Macht ist auf dem Zug hieher.
CORDELIA: Man wußt' es schon; und wir sind vorbereitet,
Sie zu empfangen. Oh, mein teurer Vater,
Für deine Wohlfahrt hab' ich mich gerüstet;
Drum hat der große Frankreich
Mein Trauern, meiner Tränen Flehn erhört.
Nicht luft'ger Ehrgeiz treibt uns zum Gefecht,
Nur brünst'ge Lieb' und unsers Vaters Recht;
Möcht' ich doch bald ihn sehn und ihn vernehmen!
(Sie gehn ab)

Fünfte Szene
REGANS SCHLOSS
Es treten auf Regan und der Haushofmeister

REGAN: Doch steht des Bruders Macht im Feld?
HAUSHOFMEISTER: Ja, Fürstin.
REGAN: Er selbst zugegen?
HAUSHOFMEISTER: Ja, mit vieler Not;
Eure Schwester ist der bessere Soldat.

REGAN: Lord Edmund sprach mit deinem Herzog nicht?
HAUSHOFMEISTER: Nein, gnäd'ge Frau!
REGAN: Was mag der Schwester Brief an ihn enthalten?
HAUSHOFMEISTER: Ich weiß nicht, Fürstin.
REGAN: Gewiß, ihn trieb ein ernst Geschäft von hier.
   Sehr töricht war's, dem Gloster nach der Blendung
   Das Leben lassen; wohin er kommt, bewegt er
   Die Herzen wider uns. Edmund, vermut' ich,
   Aus Mitleid seines Elends, ging zu enden
   Sein nächtlich Dasein, und erforscht zugleich
   Des Feindes Stärke.
HAUSHOFMEISTER:
   Ich muß durchaus ihm nach mit meinem Brief.
REGAN: Das Heer rückt morgen aus; bleib hier mit uns;
   Gefährlich sind die Weg'.
HAUSHOFMEISTER: Ich darf nicht, Fürstin;
   Mylady hat mir's dringend eingeschärft.
REGAN: Was brauchte sie zu schreiben? Könnt'st du nicht
   Mündlich bestellen dein Geschäft? – Vielleicht –
   Etwas – ich weiß nicht was: – ich will dir gut sein,
   Laß mich den Brief entsiegeln!
 HAUSHOFMEISTER: Lieber möcht' ich –
REGAN: Ich weiß, die Herzogin haßt ihren Gatten:
   Das ist gewiß; bei ihrem letzten Hiersein
   Liebäugte sie mit sehr beredten Blicken
   Dem edlen Edmund; du bist ihr Vertrauter.
HAUSHOFMEISTER: Ich, Fürstin?
REGAN: Ich rede mit Bedacht: ich weiß, du bist's.
   Drum rat' ich dir, nimm diese Weisung an:
   Mein Mann ist tot; Edmund und ich sind einig;
   Und besser paßt er sich für meine Hand,
   Als deiner Herrin: – schließe weiter selbst!
   Wenn du ihn find'st, so bitt' ich, gib ihm dies;
   Und wenn's die Herzogin von dir vernimmt,
   Ermahne sie, Vernunft zu Rat zu ziehn!

Und somit lebe wohl!
Triffst du vielleicht den blinden Hochverräter,
Ein reicher Lohn wird dem, der ihn erschlägt.   [säht,
HAUSHOFMEISTER: Ich wollt', ich fänd' ihn, Fürstin, daß Ihr
    Mit wem ich's halte.
REGAN: So gehab' dich wohl!   *(Sie gehn ab)*

Sechste Szene
GEGEND BEI DOVER
Es treten auf Gloster und Edgar in Bauerntracht

GLOSTER: Wann kommen wir zum Gipfel dieses Bergs?
EDGAR: Ihr klimmt hinan: seht nur, wie schwer es geht! –
GLOSTER: Mich dünkt, der Grund ist eben.
EDGAR: Furchtbar steil!
    Horcht! Hört Ihr nicht die See?
GLOSTER: Nein, wahrlich nicht! –
EDGAR: Dann wurden Eure andern Sinne stumpf
    Durch Eurer Augen Schmerz.
GLOSTER: Das mag wohl sein.
    Mich dünkt, dein Laut ist anders, und du sprichst
    Mit besserm Sinn und Ausdruck als zuvor.
EDGAR: Ihr täuscht Euch sehr: ich bin in nichts verändert
    Als in der Tracht.
GLOSTER: Mich dünkt, du sprächest besser.
EDGAR:
    Kommt, Herr, hier ist der Ort: steht still! Wie grau'nvoll
    Und schwindelnd ist's, so tief hinab zu schaun! –
    Die Kräh'n und Dohlen, die die Mitt' umflattern,
    Sehn kaum wie Käfer aus – halbwegs hinab
    Hängt einer, Fenchel sammelnd, – schrecklich Handwerk!
    Mich dünkt, er scheint nicht größer als sein Kopf.
    Die Fischer, die am Strande gehn entlang,
    Sind Mäusen gleich; das hohe Schiff am Anker

93

Verjüngt zu seinem Boot; das Boot zum Tönnchen,
Beinah' zu klein dem Blick; die dumpfe Brandung,
Die murmelnd auf zahllosen Kieseln tobt,
Schallt nicht bis hier. – Ich will nicht mehr hinabsehn,
Daß nicht mein Hirn sich dreht, mein wirrer Blick
Mich taumelnd stürzt hinab.

GLOSTER: Stell' mich, wo du stehst!

EDGAR: Gebt mir die Hand: Ihr seid nur einen Fuß
Vom letzten Rand. Für alles unterm Mond
Tät' ich hier keinen Sprung.

GLOSTER: Laß mich nun los!
Hier, Freund, ist noch ein Beutel, drin ein Kleinod,
Kostbar genug dem Armen. Feen und Götter
Gesegnen dir's! Geh nun zurück, mein Freund:
Nimm Abschied; laß mich hören, daß du gehst!

EDGAR: Lebt wohl denn, guter Herr!

GLOSTER: Von ganzem Herzen.

EDGAR: So spiel' ich nur mit dem Verzweifelnden,
Um ihn zu heilen.

GLOSTER: O ihr mächt'gen Götter!
Der Welt entsag' ich, und vor euerm Blick
Schüttl' ich geduldig ab mein großes Leid.
Könnt' ich es länger tragen ohne Hader
Mit euerm unabwendbar ew'gen Rat,
So möchte wohl mein müder Lebensdocht
Von selbst verglimmen. Wenn mein Edgar lebt –
O segnet ihn! – Nun, Freund, gehab' dich wohl!

EDGAR: Bin fort schon; lebt denn wohl!
            (Gloster springt und fällt zur Erde)
Und weiß ich, ob nicht Phantasie den Schatz
Des Lebens rauben kann, wenn Leben selbst
Dem Raub sich preis gibt? War er, wo er dachte,
Jetzt dächt' er nicht mehr. – Lebend oder tot? –
He, guter Freund! – Herr, hört Ihr? – Sprecht! –
So könnt' er wirklich sterben: – Nein, er lebt.

Wer seid Ihr, Herr? –

GLOSTER: Hinweg und laß mich sterben!

EDGAR: Warst du nicht Fadensommer, Federn, Luft,
So viele Klafter tief kopfüber stürzend,
Du wärst zerschellt, gleich einem Ei. Doch atmest du,
Hast Körperschwere, blut'st nicht, sprichst, bist ganz.
Zehn Mastbäum' auf einander sind so hoch nicht,
Als steilrecht du hinabgefallen bist.
Ein Wunder, daß du lebst! Sprich noch einmal!

GLOSTER: Doch fiel ich oder nicht? –

EDGAR: Vom furchtbar'n Gipfel dieser kreid'gen Klippe.
Sieh nur hinauf, man kann die schrill'nde Lerche
So hoch nicht sehn noch hören: sieh hinauf! –

GLOSTER: Ach Gott! Ich habe keine Augen.
Ward auch die Wohltat noch versagt dem Elend,
Durch Tod zu endigen? Trost war's doch immer,
Als Jammer der Tyrannen Wut sich konnte
Entziehn und seine stolze Willkür täuschen.

EDGAR: Gebt mir den Arm! –
Auf! – So! Wie geht's? Fühlt Ihr die Beine? – Steht? –

GLOSTER: Zu gut! zu gut!

EDGAR: Das nenn' ich wunderseltsam!
Dort auf der Klippe Rand, welch Ding war das,
Das von Euch wich?

GLOSTER: Ein armer Bettler war's.

EDGAR: Hier unten schienen seine Augen mir
Zwei Monden; tausend Nasen hatt' er, Hörner
Gekrümmt, und wogte, wie's empörte Meer:
Ein Teufel war's. Drum denk', beglückter Alter,
Daß höchste Götter, die zum Ruhm vollführen,
Was uns unmöglich scheint, dich retteten.

GLOSTER: Ja, das erkenn' ich jetzt. Ich will hinfort
Mein Elend tragen, bis es ruft von selbst:
»Genug, genug, und stirb!« Das Ding, wovon
Ihr sprecht, schien mir ein Mensch; oft rief es aus:

»Der böse Feind!« – Er führte mich dahin.

EDGAR: Seid ruhig und getrost! Doch wer kommt da? –

(Lear tritt auf, phantastisch mit Blumen und Kränzen aufgeschmückt)

Gesunder Sinn wird nimmer seinen Herrn
So ausstaffieren.

LEAR: Nein, wegen des Weinens können sie mir nichts tun; ich bin der König selbst.

EDGAR: O herzzerreißender Anblick! –

LEAR: Natur ist hierin mächtiger als die Kunst. – Da ist Euer Handgeld. Der Bursch führt seinen Bogen wie eine Vogelscheuche. Spannt mir eine volle Tuchmacherelle, – sieh, sieh, eine Maus – still, still, dies Stück gerösteter Käse wird gut dazu sein. – Da ist mein Panzerhandschuh; gegen einen Riesen verfecht' ich's. Die Hellebarden her! – Oh, schön geflogen, Vogel! Ins Schwarze, ins Schwarze! Hui! – Gebt die Parole!

EDGAR: Süßer Majoran. –

LEAR: Passiert!

GLOSTER: Die Stimme kenn' ich.

LEAR: Ha, Goneril! – Mit 'nem weißen Bart! Sie schmeichelten mir wie Hunde und erzählten mir, ich hätte weiße Haare im Bart, ehe die schwarzen kamen. – Ja und Nein zu sagen zu allem, was ich sagte! – Ja und Nein zugleich, das war keine gute Theologie. Als der Regen einst kam, mich zu durchnässen, und der Wind mich schauern machte, und der Donner auf mein Geheiß nicht schweigen wollte, da fand ich sie, da spürte ich sie aus. Nichts da, es ist kein Verlaß auf sie; sie sagten mir, ich sei *alles*: das ist eine Lüge, ich bin nicht fieberfest.

GLOSTER: Den Ton von dieser Stimme kenn' ich wohl:
Ist's nicht der König?

LEAR: Ja, jeder Zoll ein König: –
Blick' ich so starr, sieh, bebt der Untertan. –
Dem schenk' ich's Leben: was war sein Vergehn?
Eh'bruch! –
Du sollst nicht sterben. Tod um Eh'bruch, –? – Nein!

Der Zeisig tut's, die kleine goldne Fliege,
Vor meinen Augen buhlt sie.
Laßt der Vermehrung Lauf! – Denn Glosters Bastard
Liebte den Vater mehr, als meine Töchter,
Erzeugt im Eh'bett.
Dran, Unzucht! Frisch auf, denn ich brauch' Soldaten. –
Sieh dort die ziere Dame,
Ihr Antlitz weissagt Schnee in ihrem Schoß;
Sie spreizt sich tugendlich und dreht sich weg,
Hört sie die Lust nur nennen:
Und doch sind Iltis nicht und hitz'ge Stute
So ungestüm in ihrer Brunst.
Vom Gürtel nieder sind's Centauren,
Wenn auch von oben Weib; nur bis zum Gürtel
Sind sie den Göttern eigen: jenseit alles
Gehört den Teufeln, dort ist Hölle, Nacht,
Dort ist Schwefelpfuhl, Brennen, Sieden, Pestgeruch,
Verwesung, – pfui, pfui, pfui! – Pah! Pah! –
Gib etwas Bisam, guter Apotheker,
Meine Phantasie zu würzen. Da ist Gold für dich.

GLOSTER: O laß die Hand mich küssen! –

LEAR: Laß mich sie erst abwischen; sie riecht nach dem Grabe.

GLOSTER: O du zertrümmert Meisterstück der Schöpfung! –
So nutzt das große Weltall einst sich ab
Zu nichts. Kennst du mich wohl?

LEAR: Ich erinnere mich deiner Augen recht gut: blinzelst du
mir zu? – Nein, tu' dein Ärgstes, blinder Cupido; ich will
nicht lieben. Lies einmal diese Herausforderung; sieh nur die
Schriftzüge! –

GLOSTER: Wär' jede Letter Sonn', ich säh' nicht eine.

EDGAR: Nicht glauben wollt' ich's dem Gerücht: es ist so,
Und bricht mein Herz.

LEAR: Lies!

GLOSTER: Was, mit den Höhlen der Augen?

LEAR: Oho, stehn wir so mit einander? Keine Augen im Kopf,

kein Geld im Beutel? – Höhlten sie dir die Augen und holten dir den Beutel? Doch siehst du, wie die Welt geht!

GLOSTER: Ich seh' es fühlend.

LEAR: Was, bist du toll? – Kann man doch sehn, wie es in der Welt hergeht, ohne Augen. Schau' mit dem Ohr: sieh, wie jener Richter auf jenen einfältigen Dieb schmält! Horch, – unter uns – den Platz gewechselt und die Hand gedreht: wer ist Richter, wer Dieb? Sahst du wohl eines Pächters Hund einen Bettler anbellen? –

GLOSTER: Ja, Herr!

LEAR: Und der Wicht lief vor dem Köter: da konntest du das große Bild des Ansehns erblicken: dem Hund im Amt gehorcht man.

Du schuft'ger Büttel, weg die blut'ge Hand!
Was geißelst du die Hure? Peitsch' dich selbst:
Dich lüstet heiß, mit ihr zu tun, wofür
Dein Arm sie stäupt. Der Wuch'rer hängt den Gauner;
Zerlumptes Kleid bringt kleinen Fehl ans Licht,
Talar und Pelz birgt alles. Hüll' in Gold die Sünde, –
Der starke Speer des Rechts bricht harmlos ab; –
In Lumpen, – des Pygmäen Halm durchbohrt sie.
Kein Mensch ist sündig; keiner, sag' ich, keiner;
Und ich verbürg' es, wenn – versteh', mein Freund, –
Er nur des Klägers Mund versiegeln kann.
Schaff' Augen dir von Glas,
Und, wie Politiker des Pöbels, tu',
Als sähst du Dinge, die du doch nicht siehst – –
Nun, nun, nun, nun –
Zieht mir die Stiefeln ab! – Stärker, stärker, – so! –

EDGAR: O tiefer Sinn und Aberwitz gemischt! –
Vernunft in Tollheit!

LEAR: Willst weinen über mich, nimm meine Augen!
Ich kenne dich recht gut, dein Nam' ist Gloster –
Gedulde dich, wir kamen weinend an.
Du weißt, wenn wir die erste Luft einatmen,

Schrein wir und winseln. Ich will dir pred'gen: horch! –
Gloster: O welcher Jammer!
LEAR: Wir Neugebornen weinen, zu betreten
Die große Narrenbühne – ein schöner Hut! –
O feine Kriegslist, einen Pferdetrupp
Mit Filz so zu beschuhn: ich will's versuchen,
Und überschleich' ich so die Schwiegersöhne,
Dann schlagt sie tot, tot, tot ! – Tot, tot! –
(Ein Edelmann mit Bedienten tritt auf)
EDELMANN: O hier, hier ist er. Haltet ihn! Mylord,
Eu'r liebstes Kind –
LEAR: Wie, kein Entsatz? Gefangen? Bin ich doch
Der wahre Narr des Glücks. Verpflegt mich wohl,
Ich geb' euch Lösegeld. Schafft mir 'nen Wundarzt,
Ich bin ins Hirn gehaun.
EDELMANN: Nichts soll Euch fehlen.
LEAR: Kein Beistand? – ganz allein?
Da könnte wohl der Mensch in salz'ge Tränen
Vergehn, wie Kannen seine Augen brauchend,
Des Herbstes Staub zu löschen.
EDELMANN: Teurer Herr!   [was?
LEAR: Brav will ich sterben, wie ein schmucker Bräut'gam;
Will lustig sein; kommt, kommt, ich bin ein König,
Ihr Herren, wißt ihr das? –
EDELMANN: Ein hoher König, und wir folgen Euch.
LEAR: So ist noch nichts verloren. Kommt! wenn ihr's haschen
wollt, so müßt ihr's durch Laufen haschen. Sa, sa, sa, sa! *(Er
läuft fort)*
EDELMANN: Ein Anblick, jammervoll am ärmsten Bettler,
An einem König namenlos! Du hast ein Kind,
Durch das die Welt vom grausen Fluch erlöst wird,
Den zwei auf sie gebracht.
EDGAR: Heil, edler Herr!
EDELMANN: Seid kurz, mein Freund! Was wollt Ihr?
EDGAR: Vernahmt Ihr, Herr, ob's bald ein Treffen gibt?

EDELMANN: Nun, das ist weltbekannt, ein jeder weiß es,
  Der Ohren hat zu hören.
EDGAR: Doch erlaubt,
  Wie nahe steht der Feind?
EDELMANN: Nah und in schnellem Anmarsch; stündlich kann
  Die Hauptmacht hier sein.
EDGAR: Dank Euch! Das war alles.
EDELMANN: Weilt gleich die Königin aus Gründen hier,
  Ist doch das Heer schon vorgerückt.
EDGAR: Ich dank' Euch.
                           (Edelmann geht ab)
GLOSTER: Ihr ewig güt'gen Götter, nehmt mein Leben,
  Daß nicht mein böser Sinn mich nochmals treibt,
  Zu sterben, eh' es euch gefällt.
EDGAR: So betet
  Ihr trefflich, Vater! –
GLOSTER: Nun, mein Freund, wer seid Ihr?
EDGAR:
  Der ärmste Mensch, gezähmt durch Schicksalsschläge,
  Der durch die Schule selbstempfundnen Grams
  Empfänglich ward für Mitleid. – Gebt die Hand mir,
  Ich führ' Euch in ein Haus.
GLOSTER: Von Herzen Dank!
  Des Himmels Huld und reicher Segen geb'
  Euch Lohn auf Lohn! –
            (Der Haushofmeister tritt auf)
HAUSHOFMEISTER: Ein Preis verdient! Willkommen! –
  Dein augenloser Kopf ward darum Fleisch,
  Mein Glück zu gründen. Alter Hochverräter,
  Bedenke schnell dein Heil: das Schwert ist bloß,
  Das dich vernichten soll.
GLOSTER: So brauch' mit Kraft
  Die Freundeshand! *(Edgar setzt sich zur Wehre)*
HAUSHOFMEISTER: Was, frecher Bauer, willst du
  Verteid'gen solchen Hochverräter? Fort! –

Daß seines Schicksals Pest nicht auch auf dich
Ansteckend falle! Laß den Arm ihm los!

EDGAR: Will nit los losse, Herr, muß erst anders kumme.

HAUSHOFMEISTER: Laß los, Sklav', oder du stirbst!

EDGAR: Lieber Herr, gehn Eures Wegs und loßt arme Leut' in Ruh'. Wann ich mich sollt mit eim große Maul ums Lebe bringe losse, da hätt' ich's schun vor vierzehn Täg los werde künne. Kummt mer dem alte Mann nit nah; macht Euch furt, rat' ich, oder ich will emohl versuche, was stärker is, Eu'r Hirnkaste oder mei Krüppel. Ich sog's Euch grod' raus.

HAUSHOFMEISTER: Ei, du Bauerflegel! –

EDGAR: Ich ward' Euch die Zähne stochern, Herr: was schiern mich Eure Finte!

(Sie fechten, und Edgar schlägt ihn zu Boden)

HAUSHOFMEISTER:
Sklav', du erschlugst mich! – Schuft, nimm meinen Beutel:
Soll's dir je wohl gehn, so begrabe mich,
Und gib die Briefe, die du bei mir find'st,
An Edmund, Grafen Gloster! Such' ihn auf
In Englands Heer – O Tod zur Unzeit – – Tod! – *(Er stirbt)*

EDGAR: Ich kenne dich: ein dienstbeflißner Bube,
Den Lastern der Gebiet'rin so geneigt,
Als Bosheit wünschen mag.

GLOSTER: Was, ist er tot?

EDGAR: Hier setzt Euch, Vater, ruht!
(Beiseit) Laß sehn die Taschen; jene Briefe können
Mir guten Dienst tun. *(Laut)* Er ist tot; nur schade,
Daß ich sein Henker mußte sein. *(Beiseit)* Laßt sehn!
Erlaube, liebes Wachs, und schilt nicht, Sitte:
Man risse ja, des Feindes Sinn zu spähn,
Sein Herz auf; seine Briefe geht schon eher.
(Er liest den Brief)

»Gedenkt unsrer gegenseitigen Schwüre! Ihr habt manche Gelegenheit, ihn aus dem Wege zu räumen; fehlt Euch der Wille nicht, so werden Zeit und Ort Euch viel mal günstig

sein. Es ist nichts geschehn, wenn er als Sieger heimkehrt;
dann bin ich die Gefangne und sein Bett mein Kerker. Von
dessen ekler Wärme befreit mich und nehmt seinen Platz ein
für Eure Mühe!

Eure (Gattin, so möcht' ich sagen) ergebne Dienerin Goneril.«
O unenthüllter Raum des Weiberwillens!
Ein Plan auf ihres biedern Mannes Leben,
Und der Ersatz: mein Bruder! – Hier im Sande
Verscharr' ich dich, unsel'ger Bote du,
Mordsücht'ger Buhler; und zur rechten Zeit
Bring' ich dies frevle Blatt vors Angesicht
Des todumgarnten Herzogs. Wohl ihm dann,
Daß deinen Tod und Plan ich melden kann!
(Edgar schleppt den Leichnam hinaus)
GLOSTER: Der König rast. Wie starr ist meine Seele,
  Daß ich noch aufrecht steh' und scharf empfinde
  Mein schweres Los! Besser, ich wär' verrückt:
  Dann wär' mein Geist getrennt von meinem Gram,
  Und Schmerz in eiteln Phantasie'n verlöre
  Bewußtsein seiner selbst.
(Edgar kommt zurück)
EDGAR: Gebt mir die Hand!
  Fernher, so scheint mir, hör' ich Trommelschlag;
  Kommt, Vater! – Zu 'nem Freunde führ' ich Euch.
(Sie gehn ab)

Siebente Szene
ZELT
Es treten auf Cordelia, Kent, ein Arzt und ein Edelmann

CORDELIA: O teurer Kent, kann all mein Tun und Leben
  Dir je vergüten? Ist mein Leben doch
  Zu kurz, und jeder Maßstab allzu klein.
KENT: So anerkannt ist überreich bezahlt.

Was ich gesagt, ist alles schlichte Wahrheit,
Nicht mehr noch minder.

CORDELIA: Nimm ein beßres Kleid;
Die Tracht ist Denkmal jener bittern Stunden:
Ich bitt' dich, leg' sie ab!

KENT: Nein, güt'ge Fürstin;
Jetzt schon erkannt sein, schadet meinem Plan.
Als Gnade bitt' ich, kennt mich jetzt noch nicht,
Eh' Zeit und ich es heischen.

CORDELIA: Sei's denn so,
Mein werter Lord! *(Zum Arzt)* Was macht der König?

ARZT: Er schläft noch, Fürstin!

CORDELIA: Güt'ge Götter, heilt
Den großen Riß des schwer gekränkten Geistes! –
Der Sinne rauhen Mißklang, stimmt ihn rein
Dem Kind gewordnen Vater! –

ARZT: Gefällt's Eu'r Hoheit,
Daß wir den König wecken? Er schlief lang.

CORDELIA: Folgt Eurer Einsicht und verfahrt durchaus
Nach eignem Willen! Ist er angekleidet?
(Diener bringen den schlafenden Lear in einem Sessel herein)

EDELMANN: Ja, gnäd'ge Frau, in seinem tiefen Schlaf
Versahn wir ihn mit frischen Kleidern.

ARZT: Bleibt, gnäd'ge Kön'gin, bis wir ihn erwecken;
Ich zweifle nicht an milder Stimmung.

CORDELIA: Wohl!

ARZT: Gefällt's Euch, näher! – Lauter die Musik! –

CORDELIA: Mein teurer Vater! O Genesung, gib
Heilkräfte meinen Lippen; dieser Kuß
Lindre den grimmen Schmerz, mit dem die Schwestern
Dein Alter kränkten!

KENT: Güt'ge, liebe Fürstin!

CORDELIA: Warst du ihr Vater nicht, – dies Silberhaar
Verlangte Mitleid. Oh, war dies ein Haupt,
Dem Sturm der Elemente preis zu geben?

Dem lauten, furchtbar'n Donner? – Stand zu halten
Dem höchst grau'nvollen, schnell beschwingten Flug
Gekreuzter Blitze? Meines Feindes Hund,
Und hätt' er mich gebissen, durft' in jener Nacht
An meinem Feuer stehn – und dir, mein Vater,
Genügte faules, kurzes Stroh bei Schweinen
Und vogelfreiem Volk! Ach Gott! Ach Gott!
Ein Wunder, daß dein Leben nicht zugleich
Mit deinen Sinnen schied. Er wacht: sprecht zu ihm!

ARZT: Tut Ihr's, Mylady; 's ist am besten.

CORDELIA: Was macht mein königlicher Herr? Wie geht's Eu'r
Majestät? –

LEAR: 'S ist unrecht, daß ihr aus dem Grab mich nehmt.
Du bist ein sel'ger Geist, ich bin gebunden
Auf einem Feuerrad, das meine Tränen
Durchglühn wie flüssig Blei.

CORDELIA: Herr! Kennt Ihr mich?

LEAR: Du bist ein Geist, ich weiß es wohl, – wann starbst du?

CORDELIA: Noch immer weit, weit weg!

ARZT: Er ist kaum wach: laßt ihn ein Weilchen ruhig!

LEAR: Wo war ich denn? Wo bin ich? – Heller Tag? –
Man täuscht mich arg – ich stürbe wohl vor Mitleid,
Erblickt' ich andre so – wie ist mir doch?
Ich will nicht schwören, dies sei meine Hand –
Laß sehn! ich fühle diesen Nadelstich.
Wär' ich doch überzeugt von meinem Zustand! –

CORDELIA: Oh, seht auf mich, Mylord! –
Hebt Eure Hand zum Segen über mich!
Nein, Herr, Ihr müßt nicht knieen.

LEAR: Spottet meiner nicht! –
Ich bin ein schwacher, kind'scher, alter Mann,
Achtzig und drüber: keine Stunde mehr
Noch weniger, und grad' heraus,
Ich fürchte fast, ich bin nicht recht bei Sinnen.
Mich dünkt, ich kenn' Euch, kenn' auch diesen Mann;

Doch zweifl' ich noch, denn ich begreif' es nicht,
An welchem Ort ich bin; all mein Verstand
Entsinnt sich dieser Kleider nicht, noch weiß ich,
Wo ich die Nacht schlief. Lacht nicht über mich,
Denn so gewiß ich lebe,
Die Dame halt' ich für mein Kind Cordelia.
CORDELIA: Das bin ich auch! Ich bin's! –
LEAR: Sind deine Tränen naß? Ja, wirklich! Bitte,
O weine nicht!
Wenn du Gift für mich hast, so will ich's trinken,
Ich weiß, du liebst mich nicht; denn deine Schwestern,
So viel ich mich erinnre, kränkten mich;
Du hattest Grund, sie nicht.
CORDELIA: Kein Grund! Kein Grund!
LEAR: Bin ich in Frankreich?
CORDELIA: In Eurem eignen Königreich, Mylord!
LEAR: Betrügt mich nicht!
ARZT: Seid ruhig, hohe Frau!
Die große Wut ist, wie Ihr seht, geheilt;
Doch wär's gefährlich, die verlorne Zeit
Ihm zu erklären. Führt ihn jetzt hinein!
Und stört ihn nicht, bis er sich mehr erholt!
CORDELIA: Beliebt es Euch, hineinzugehn, mein König?
LEAR: O habt Geduld mit mir! Bitte, vergeßt,
Vergebt, denn ich bin alt und kindisch.
        (*Lear, Cordelia, Arzt und Bediente gehen ab*)
EDELMANN: Bestätigt sich's,
Daß Herzog Cornwall so erschlagen ward?
KENT: Ja, Herr!
EDELMANN: Wer ist der Führer seines Heers?
KENT: Man sagt, der Bastard Glosters.
EDELMANN: Sein verbannter
Sohn Edgar, heißt's, lebt mit dem Grafen Kent
In Deutschland.
KENT: Das Gerücht ist unverbürgt.

’S ist Zeit, sich umzuschaun; das Heer des Reichs
Rückt schleunig vor.

EDELMANN: Nun, die Entscheidung wird sehr blutig sein.
Gehabt Euch wohl! *(Geht ab)*

KENT: Und meine Schale senkt sich oder steigt,
Gut oder schlimm, wie jetzt der Sieg sich neigt.   *(Geht ab)*

Fünfter Aufzug

Erste Szene

FELDLAGER BEI DOVER
Es treten auf mit Trommeln und Fahnen Edmund,
Regan, Edelleute und Soldaten

EDMUND: Den Herzog fragt: ob's bleibt beim letzten Wort,
   Oder seitdem ihn was bewog, den Plan
   Zu ändern: denn er ist voll Widerspruch
   Und schwankend: meld' uns seinen festen Willen!
                                      (Hauptmann ab)
REGAN: Der Schwester Boten traf gewiß ein Unfall.
EDMUND: Ich fürcht' es, gnäd'ge Frau!
REGAN: Nun, lieber Graf,
   Ihr wißt, was ich Euch Gutes zugedacht –
   Sagt mir – doch redlich, sagt die lautre Wahrheit –
   Liebt Ihr nicht meine Schwester? –
EDMUND: Ganz in Ehren.
REGAN: Doch fandet Ihr nie meines Bruders Weg
   Zu der verbotnen Stätte? –
EDMUND: Falscher Argwohn!
REGAN: Ich fürcht', Ihr seid mit ihr schon längst vereint
   Aufs innigste, so viel es möglich ist.
EDMUND: Nein, gnäd'ge Frau, auf Ehre!
REGAN: Sie ist mir unerträglich; teurer Lord,
   Seid nicht vertraut mit ihr!
EDMUND: Das fürchtet nicht!
   Sie und der Herzog, ihr Gemahl –
   (Albanien, Goneril und Soldaten treten auf)
GONERIL *(beiseit)*: Eh' daß mir diese Schwester ihn entfremdet,
   Möcht' ich die Schlacht verlieren.
ALBANIEN: Verehrte Schwester, seid uns sehr willkommen! –

Man sagt, der König kam zu seiner Tochter
Mit andern, so die Strenge unsrer Herrschaft
Zur Klage zwang. Ich war noch niemals tapfer,
Wo ich nicht ehrlich konnte sein: wir fechten,
Weil Frankreich unser Land hier überzog,
Nicht, weil's dem König hilft und jenen, welche,
Aus trift'gem Grunde, fürcht' ich, mit ihm halten.

EDMUND: Ihr sprecht sehr tugendlich.

REGAN: Wozu dies Klügeln?

GONERIL: Dem Feind entgegen steht vereint zusammen!
    Für diesen häuslichen besondern Zwist
    Ist jetzt nicht Zeit.

ALBANIEN: So laßt uns denn den Ratschluß
    Mit Kriegserfahrnen fassen, was zu tun.

EDMUND: Gleich werd' ich bei Euch sein in Eurem Zelt.

REGAN: Ihr geht doch mit uns, Schwester?

GONERIL: Nein.

REGAN: Der Wohlstand fordert's, bitt' Euch, geht mit uns!

GONERIL *(beiseit)*: Oho, ich weiß das Rätsel. Ich will gehn.
    (Da sie gehen wollen, kommt Edgar verkleidet)

EDGAR: Sprach Euer Gnaden je so armen Mann,
    Gönnt mir ein Wort!

ALBANIEN: Ich will euch folgen; redet! –
    (Edmund, Regan, Goneril und Gefolge gehen ab)

EDGAR: Eh' Ihr die Schlacht beginnt, lest diesen Brief!
    Wird Euch der Sieg, laßt die Trompete laden
    Den, welcher ihn gebracht; so arm ich scheine,
    Kann ich 'nen Kämpfer stellen, zu bewähren,
    Was hier behauptet wird. Doch wenn Ihr fallt,
    Dann hat Eu'r Tun auf dieser Welt ein Ende,
    Und alle Ränke schweigen. Glück mit Euch!

ALBANIEN: Wart' noch, bis ich ihn las!

EDGAR: Das darf ich nicht.
    Wenn's an der Zeit, laßt nur den Herold rufen,
    Und ich erscheine wieder. *(Er geht ab)*

ALBANIEN: Nun, fahre wohl: ich will den Brief mir ansehn.
                    (Edmund kommt zurück)
EDMUND: Der Feind ist nah: zieht Eure Macht zusammen!
    Hier ist die Schätzung seiner Stärk' und Macht
    Nach der genausten Kundschaft; doch Eu'r Eilen
    Tut dringend not.
ALBANIEN: So folgen wir der Zeit.   *(Geht ab)*
EDMUND: Den beiden Schwestern schwur ich meine Liebe,
    Und beide hassen sich, wie der Gestochne
    Die Natter. Welche soll ich nehmen? Beide?
    Ein' oder keine? – Keiner werd' ich froh,
    Wenn beide leben. Mir die Witwe nehmen,
    Bringt Goneril von Sinnen, macht sie rasend,
    Und schwerlich komm' ich je zu meinem Ziel,
    Solang' ihr Gatte lebt. Gut, nutzen wir
    Sein Ansehn in der Schlacht; ist die vorüber,
    Mag sie, die gern ihn los wär', weiter sinnen,
    Ihn schnell hinwegzuräumen. Die Begnad'gung,
    Die er für Lear im Sinn hat und Cordelia –
    Wenn wir gesiegt und sie in unsrer Macht,
    Vereitl' ich solch Verzeihn. Nicht müß'ger Rat
    Ziemt meiner Stellung, nein, entschloßne Tat.   *(Geht ab)*

Zweite Szene

EBENDASELBST

Feldgeschrei hinter der Bühne. Es kommen mit Trommeln
und Fahnen Lear, Cordelia und Soldaten und ziehen über die Bühne.
Edgar und Gloster treten auf

EDGAR: Den kühlen Schatten dieses Baumes nehmt
    Als gute Herberg' an; fleht hier um Sieg des Rechts:
    Wenn ich zu Euch je wiederkehre, Vater,
    Bring' ich Euch Trost.
GLOSTER: Begleit' Euch Segen, Herr! *(Edgar geht ab)*

(Getümmel, Schlachtgeschrei; es wird zum Rückzug geblasen)
(Edgar kommt zurück)

EDGAR: Fort, alter Mann, gebt mir die Hand, hinweg! –
    Lear ist besiegt, gefangen samt der Tochter,
    Gebt mir die Hand: nur fort! –

GLOSTER:
    Nicht weiter, Freund! Man kann auch hier verfaulen.

EDGAR: Was? Wieder Schwermut? Dulden muß der Mensch
    Sein Scheiden aus der Welt, wie seine Ankunft:
    Reif sein ist alles. Kommt!

GLOSTER: Wohl ist dies wahr. *(Sie gehn ab)*

Dritte Szene

DAS BRITISCHE LAGER BEI DOVER
Edmund tritt als Sieger auf, mit Trommeln und Fahnen.
Lear und Cordelia als Gefangene. Offiziere, Soldaten und andere

EDMUND: Hauptleute, führt sie weg! In strenge Haft,
    Bis deren höchster Wille wird verkündet,
    Die ihre Richter.

CORDELIA: Ich bin nicht die erste,
    Die, Gutes wollend, dulden muß das Schwerste.
    Dein Unglück, Vater, beugt mir ganz den Mut,
    Sonst übertrotzt' ich wohl des Schicksals Wut.
    Sehn wir nicht diese Töchter? diese Schwestern?

LEAR: Nein, nein, nein, nein! Komm fort! Zum Kerker, fort! –
    Da laß uns singen, wie Vögel in dem Käfig.
    Bitt'st du um meinen Segen, will ich knie'n
    Und dein Verzeihn erflehn; so woll'n wir leben,
    Beten und singen, Märchen uns erzählen,
    Und über goldne Schmetterlinge lachen.
    Wir hören armes Volk vom Hofe plaudern,
    Und schwatzen mit: wer da gewinnt, verliert;
    Wer in, wer aus der Gunst; und tun so tief
    Geheimnisvoll, als wären wir Propheten

Der Gottheit: und so überdauern wir
Im Kerker Ränk' und Spaltungen der Großen,
Die ebben mit dem Mond und fluten.

EDMUND: Führt sie fort!

LEAR: Auf solche Opfer, o Cordelia, streun
Die Götter selbst den Weihrauch. Hab' ich dich?
Wer uns will trennen, muß mit Himmelsbränden
Uns scheuchen, wie die Füchse. Weine nicht!
Die Pest soll sie verzehren, Fleisch und Haut,
Eh' sie uns weinen machen – nein, eh' sollen sie
Verschmachten! Komm!

(Lear und Cordelia werden von der Wache abgeführt)

EDMUND: Tritt näher, Hauptmann, horch!
Nimm dieses Blatt, folg' ihnen in den Kerker:
Schon eine Stuf' erhöht' ich dich, und tust du,
Wie dies verlangt, so bahnst du deinen Weg
Zu hohen Ehren. Merke dir's, der Mensch
Ist wie die Zeit: zartfühlend sein geziemt
Dem Schwerte nicht. Dein wichtiges Geschäft
Erlaubt kein Fragen; sag, du willst es tun,
Sonst such' dir andres Glück!

HAUPTMANN: Ich bin bereit.

EDMUND: So tu's, und sei beglückt, wenn du's vollbracht!
Doch – hörst du – gleich!
Wie ich dir's niederschrieb.

HAUPTMANN:
Ich kann den Karrn nicht ziehn noch Hafer essen;
Ist's menschenmöglich, will ich's tun.   *(Er geht ab)*

(Trompeten. Albanien, Goneril, Regan und Soldaten treten auf)

ALBANIEN: Herr, Ihr habt heut viel Tapferkeit bewiesen,
Und hold war Euch das Glück. In Eurer Haft
Sind, die uns feindlich heut entgegenstanden.
Wir fordern sie von Euch und woll'n sie halten,
Wie's ihr Verdienst und unsre Sicherheit
Gleichmäßig heischen.

EDMUND: Herr, ich hielt für gut,
Den alten, schwachen König in Gewahrsam
Und sichre Hut bewacht hinwegzusenden.
Sein Alter wirkt, sein Rang noch mehr, wie Zauber,
Ihm der Gemeinen Herzen zu gewinnen
Und die geworbnen Lanzen wider uns,
Die Herrn, zu kehren. Mit ihm ward Cordelia
Aus gleichem Grund entfernt; sie sind bereit,
Auf morgen oder später zu erscheinen,
Wo Ihr die Sitzung haltet. Jetzt bedeckt
Uns Schweiß und Blut; der Freund verlor den Freund,
Und in der Hitze flucht dem besten Kampf,
Wer seine Schärfe fühlte. Doch die Frage
Wegen des Königs und Cordeliens heischt
Wohl eine beßre Stunde.
ALBANIEN: Herr, erlaubt,
Ich acht' Euch nur als Diener dieses Kriegs,
Als Bruder nicht.
REGAN: Das ist, wie's *uns* beliebt.
Mich dünkt, Ihr solltet unsern Wunsch erst fragen,
Eh' Ihr dies spracht. Er führte unser Heer,
Vertrat uns selbst und unsre höchste Würde,
Und kraft so hoher Vollmacht darf er aufstehn
Und Euch als Bruder grüßen.
GONERIL: Nicht so hitzig:
Sein eigner Wert hat höher ihn geadelt
Als deine Übertragung.
REGAN: In mein Recht
Durch mich gekleidet, weicht er nicht dem Besten.
ALBANIEN: *Das* höchstens nur, wenn er sich Euch vermählte.
REGAN: Aus Spöttern werden oft Propheten.
GONERIL: Holla!
Das Aug', mit dem Ihr das gesehen, schielte.
REGAN: Lady, mir ist nicht wohl, sonst gäb' ich dir

Aus vollem Herzen Antwort. General,
Nimm hin mein Heer, Gefangne, Land und Erbteil,
Schalt' über sie und mich; du hast nun alles;
Bezeug's die Welt, daß ich dich hier erhebe
Zu meinem Herrn und Eh'gemahl.

GONERIL: Wie, hoffst du,
Ihn zu besitzen?

ALBANIEN: Dein guter Wille wird es nicht verhindern.

EDMUND: Noch Eurer, Herr!

ALBANIEN: Halbbürt'ger Bursche, ja!

REGAN: Die Trommeln rührt ! – Verficht mein Recht als deins!

ALBANIEN: Halt! Hört ein Wort! Edmund, um Hochverrat
Verhaft' ich dich und diese goldne Schlange.

              (Auf Goneril deutend)
Was Euern Anspruch anlangt, schöne Schwester,
Ich muß ihn hindern namens meiner Frau.
Die Dam' ist insgeheim dem Lord verlobt,
Und ich, ihr Mann, vernicht' Eu'r Aufgebot.
Sucht Ihr 'nen Gatten, schenkt Eu'r Lieben mir,
Mein Weib ist schon versagt.

GONERIL: Ein Zwischenspiel!

ALBANIEN: Du bist in Waffen, Gloster – blast, Trompeten!
Kommt niemand, dich ins Angesicht zu zeihn
Verruchten, offenbaren Hochverrats –
Hier ist mein Pfand, aufs Haupt beweis' ich's dir,
Eh' Brot mein Mund berührt, du seist das alles,
Wofür ich dich erklärt.

REGAN: Krank! ich bin krank!

GONERIL *(beiseit)*: Wenn nicht, so trau' ich keinem Gift.

EDMUND: Hier ist mein Gegenpfand! Wer in der Welt
Mich Hochverräter nennt, lügt wie ein Schurke.
Trompeten, blast! Wer zu erscheinen wagt,
An ihm, an Euch, an jedem sonst behaupt' ich
Fest meine Ehr' und Treu'.

ALBANIEN: Ein Herold, ho!

(Ein Herold tritt auf)
Vertrau' allein dem eignen Arm; dein Heer,
Wie ich's auf meinen Namen warb, entließ ich's
In meinem Namen.
REGAN: Diese Krankheit wächst! –
ALBANIEN: Ist ihr nicht wohl; geht, führt sie in mein Zelt!
(Regan wird weggebracht)
Herold, tritt vor! Laß die Trompete blasen!
Und lies dies laut!
(Die Trompete wird geblasen; der Herold liest:)
»Wenn irgend ein Mann von Stand oder Rang im Heer wider
Edmund, den angeblichen Grafen von Gloster, behaupten
will, er sei ein vielfacher Verräter, der erscheine beim dritten
Trompetenstoß; er ist bereit, sich zu verteidigen.«
EDMUND: Blase!
HEROLD: Noch einmal! – Noch einmal! –
(Eine andre Trompete antwortet hinter der Bühne; darauf tritt
Edgar bewaffnet auf; ein Trompeter geht ihm voran)
ALBANIEN: Fragt, was er will, warum er hier erscheint
Auf der Trompete Ladung?
HEROLD: Wer seid Ihr?
Eu'r Nam', Eu'r Stand? Warum antwortet Ihr
Auf diese Ladung?
EDGAR: Wißt, mein Nam' erlosch,
Zernagt vom gift'gen Zahne des Verrats;
Doch bin ich edel wie mein Widerpart,
Dem ich Kampf biete.
ALBANIEN: Welchem Widerpart?
EDGAR: Wer stellt sich hier für Edmund Grafen Gloster? –
EDMUND: Er selbst, was willst du ihm?
EDGAR: So zieh' dein Schwert,
Daß, wenn mein Wort ein edles Herz verletzt,
Dein Arm dir Recht verschafft: hier ist das meine. –
Denn also ist das Vorrecht meines Standes,
Des Ritterschwures und Berufs: dich zeih' ich, –

Trutz deiner Stärke, Jugend, Würd' und Hoheit,
Trutz deinem Siegerschwert und neuem Glück,
Wie Kraft und Mut dich ziert, – du seist Verräter,
Falsch deinen Göttern, deinem Bruder, deinem Vater,
Rebellisch diesem hocherlauchten Fürsten,
Und von dem höchsten Wirbel deines Haupts
Zu deiner Sohle tiefstem Staub herab
Ein krötengift'ger Bube. Sagst du »*Nein!*«, –
Dies Schwert, mein Arm, mein bester Mut sind fertig,
Was ich gezeugt, aufs Haupt dir zu beweisen:
Du lügst!

EDMUND: Nach Vorsicht sollt' ich deinen Namen forschen;
Doch weil dein Äußres also schmuck und krieg'risch
Und Ritterschaft aus deiner Rede spricht, –
Was ich mit Fug und Vorsicht wohl verweigert,
Nach Recht des Zweikampfs, das will ich verachten.
In deine Zähne schleudr' ich den Verrat,
Werf' dir ins Herz zurück die Höllenlüge,
Der (denn sie streifte nur und traf mich kaum)
Mein Schwert sogleich die Stätte bahnen wird,
Wo sie auf ewig ruhn soll. Blast, Trompeten! –

     (Getümmel; sie fechten: Edmund fällt)

ALBANIEN: O rettet ihn!

GONERIL: Du fielst durch Hinterlist:
  Nach Recht des Zweikampfs warst du nicht verpflichtet
  Dem unbekannten Gegner; nicht besiegt, –
  Getäuscht, betrogen bist du.

ALBANIEN: Weib, schweigt still,
  Sonst stopft dies Blatt den Mund Euch.
             (Zu Edmund) Seht hierher!
(Zu Goneril) Du Schändlichste! Lies deine Untat hier:
Zerreißt es nicht! Ich seh', Ihr kennt dies Blatt.
     (Er gibt den Brief an Edmund)

GONERIL: Und wenn auch, ist das Reich doch mein, nicht dein:
  Wer darf mich richten?

ALBANIEN: Scheusal! Also kennst du's?

GONERIL: Frag' mich nicht, was ich kenne! *(Sie geht ab)*

ALBANIEN: Geh, folg' ihr; sie ist außer sich: bewacht sie!

EDMUND: Wes du mich angeklagt, ich hab's getan,
Und mehr, weit mehr; die Zeit enthüllt es bald, –
Sie ist am Schluß und so auch ich. Doch wer bist du,
Der so mir obgesiegt? Bist du ein Edler,
Vergeb' ich dir.

EDGAR: Laß uns Erbarmung tauschen:
Ich bin an Blut geringer nicht als du;
Wenn mehr, so mehr auch hast du mich verletzt.
Edgar heiß' ich, bin deines Vaters Sohn.
Die Götter sind gerecht: aus unsern Lüsten
Erschaffen sie das Werkzeug, uns zu geißeln.
Der dunkle, sünd'ge Ort, wo er dich zeugte,
Bracht' ihn um seine Augen.

EDMUND: Wahr, o wahr! –
Ganz schlug das Rad den Kreis, ich unterliege.

ALBANIEN: Mir schien dein Gang schon königlichen Adel
Zu kündigen ; ich muß dich hier umarmen.
Gram spalte mir das Herz, haßt' ich jemals
Dich oder deinen Vater!

EDGAR: Würd'ger Fürst,
Das weiß ich.

ALBANIEN: Doch, wo waret Ihr verborgen?
Wie kam Euch Kunde von des Vaters Elend?

EDGAR: Indem ich's pflegte. – Hört ein kurzes Wort;
Und ist's erzählt, o bräche dann mein Herz! –
Der blut'gen Achtserklärung zu entgehn,
Die mir so nah war – oh, wie süß das Leben!
Daß stündlich wir in Todesqualen sterben
Lieber als Tod mit eins! – verhüllt' ich mich
In eines Tollen Lumpen; nahm ein Ansehn,
Daß Hunde selbst mich scheuten; so entstellt,
Fand ich den Vater mit den blut'gen Ringen,

Beraubt der edlen Steine; ward sein Leiter,
Führt' ihn und bettelte für ihn und schützt' ihn
Vor Selbstmord. – Nie, o Gott! – gab ich mich kund,
Bis ich vor einer halben Stund' in Waffen,
Nicht sicher, doch voll Hoffnung dieses Siegs,
Um seinen Segen fleht', und von Beginn
Zum Ende meine Pilgerschaft erzählte;
Doch sein zerspaltnes Herz – ach, schon zu schwach,
Den Kampf noch auszuhalten zwischen Schmerz
Und Freud'! – im Übermaß der Leidenschaft
Brach lächelnd.

EDMUND: Deine Red' hat mich gerührt
Und wirkt wohl Gutes; aber sprich nur weiter –
Es scheint, als hätt'st du mehr zu sagen noch.

ALBANIEN: Ist es noch mehr, mehr leidvoll noch, so schweig',
Denn ich bin nah daran, mich aufzulösen,
Dies hörend.

EDGAR: Dies erschien als Höchstes wohl
Dem, der den Gram nicht liebt; jedoch ein andres,
Noch steigernd, was zu viel schon, überragt
Das Alleräußerste.
Als ich laut schrie vor Schmerz, da kam ein Mann,
Der mich gesehn in meinem tiefsten Elend,
Und meine schreckliche Gesellschaft floh:
Nun aber, da er hörte, wer es sei,
Der dies ertrug, schlug er die starken Arme
Mir um den Hals, und heulte laut
Zum Himmel auf, als wollt' er ihn zersprengen;
Warf sich auf meinen Vater hin, erzählte
Von sich und Lear die kläglichste Geschichte,
Die je ein Ohr vernahm; im Sprechen ward
Sein Schmerz so übermenschlich, daß die Stränge
Des Lebens rissen: – da zum zweiten Male
Klang die Trompet', ich ließ ihn halb entseelt.

ALBANIEN: Doch wer war dieser?

EDGAR: Kent, der verbannte Kent, der in Verkleidung
    Nachfolgte dem ihm feindgesinnten König
    Und Dienste tat, die keinem Sklaven ziemten.
(Ein Edelmann kommt in voller Eile mit einem blutigen Messer)
EDELMANN: Helft, helft, o helft!
EDGAR: Wem helfen?
ALBANIEN: Sagt uns an! –
EDGAR: Was, meint der blut'ge Dolch?
EDELMANN: Er raucht, ist heiß;
    Er kommt frisch aus dem Herzen – oh, sie ist tot! –
ALBANIEN: Wer tot? Sprich, Mann !
EDELMANN: Herr, Eure Gattin; ihre Schwester ist
    Von ihr vergiftet: sie bekannt' es selbst.
EDMUND: Ich war verlobt mit beiden: alle drei
    Vermählt jetzt ein Moment.
                    (Kent tritt auf)
EDGAR: Hier kommt auch Kent.
ALBANIEN: Bringt sie hierher uns, lebend oder tot!
    (Gonerils und Regans Leichen werden hereingetragen)
    Dies Strafgericht des Himmels macht uns zittern,
    Rührt unser Mitleid nicht.
    Oh, ist er das? – Die Zeit verstattet nicht
    Empfang, wie ihn die Sitte heischt.
KENT: Ich kam,
    Um gute Nacht auf immer meinem König
    Und Herrn zu sagen. Ist er nicht hier? –
ALBANIEN: So Großes ward vergessen! –
    Sprich, Edmund, wo ist Lear? Wo ist Cordelia?
    Siehst du den Vorgang, Kent?
KENT: Ach, warum so?
EDMUND: Edmund ward doch geliebt!
    Die eine gab um mich der andern Gift,
    Und dann sich selbst den Tod.
ALBANIEN: So ist's. – Verhüll' ihr Antlitz!
EDMUND: Nach Leben ring' ich. Gutes möcht' ich tun,

Trotz meiner eignen Art. Schickt ungesäumt –
O eilt Euch! – auf das Schloß: denn mein Befehl
Geht auf des Königs und Cordeliens Leben.
Ich sag' euch, zögert nicht!

ALBANIEN:　　　　　　　　Lauft, lauft, o lauft!

EDGAR:　Zu wem, Mylord? Wer hat den Auftrag? Schickt
Ein Pfand des Widerrufs!

EDMUND:　Sehr wohl bedacht: hier nimm mein Schwert,
Und gib's dem Hauptmann!

EDGAR:　　　　　　　　Eil' dich, um dein Leben!

(Ein Offizier geht ab)

EDMUND:　Er hat Befehl von deinem Weib und mir,
Cordelien im Gefängnis aufzuhängen,
Und der Verzweiflung dann die Schuld zu geben,
Daß sie sich selbst entleibt.

ALBANIEN:　Die Götter schützen sie! Tragt ihn hinweg!

(Edmund wird weggetragen)
(Lear kommt, seine Tochter Cordelia tot in den Armen tragend)

LEAR:　Heult, heult, heult, heult! O ihr seid all' von Stein!
Hätt' ich eu'r Aug' und Zunge nur, mein Jammer
Sprengte des Himmels Wölbung! – Hin auf immer!
Ich weiß, wenn einer tot und wenn er lebt:
Tot wie die Erde! Gebt 'nen Spiegel her;
Und wenn ihr Hauch die Fläche trübt und streift,
Dann lebt sie.

KENT:　　　　　　Ist dies das verheißne Ende?

EDGAR:　Sind's Bilder jenes Grau'ns?

ALBANIEN:　　　　　　　　Brich, Welt, vergeh! –

LEAR:　Die Feder regte sich, sie lebt! Oh, lebt sie,
So ist's ein Glück, das allen Kummer tilgt,
Den ich jemals gefühlt.

KENT *(knieend)*:　　　　　O teurer Herr! –

LEAR:　Fort, sag' ich dir!

EDGAR:　　　　　　　'S ist Kent, Eu'r edler Freund.

LEAR:　Fluch über euch, Verräter, Mörder, all'! –

Ich konnt' sie retten; nun dahin auf immer!
Cordelia, Cordelia! Wart' ein wenig, ha!
Was sprachst du? – Ihre Stimme war stets sanft,
Zärtlich und mild; ein köstlich Ding an Frau'n. –
Ich schlug den Sklaven tot, der dich gehängt.

KENT: 'S ist wahr, Mylords, er tat's.

LEAR: Tat ich's nicht, Bursch?
Einst war die Zeit, wo sie mein gutes Schwert
Wohl hätte springen machen. Nun bin ich alt,
Und all dies Leid bringt mich herab. – Wer bist du?
Mein Aug' ist nicht das beste; ich weiß es gleich. –

KENT: Rühmt sich Fortuna zweier, die sie liebte
Und haßte, – *einen* sehn wir hier.

LEAR: O wunderbarer Anblick! – Bist du nicht Kent?

KENT: Ich bin dein Diener Kent; doch wo ist Cajus? –

LEAR: Das ist ein wackrer, treuer Bursch, das glaubt mir;
Der schlägt und säumt nicht. – Er ist tot und fault.

KENT: Nein, teurer Fürst; ich selber bin der Mann.

LEAR: Das will ich sehn! –

KENT: Der gleich seit Eurem Abweg und Verfall
Folgt' Eurer finstern Bahn.

LEAR: Willkommen hier!

KENT: Nein, keiner wohl! – trüb alles, tot und trostlos! –
Eure ältern Töchter legten Hand an sich
Und starben in Verzweiflung.

LEAR: Ja, das denk' ich.

ALBANIEN: Er weiß nicht, was er sagt; es ist vergeblich,
Daß wir uns ihm verständ'gen.

EDGAR: Ganz umsonst.

(Ein Hauptmann kommt)

HAUPTMANN: Edmund ist tot, Mylord!

ALBANIEN: Das ist hier Nebensache.
Ihr Freund' und edeln Lords, hört unsern Willen:
Was Trost verleihn kann so gewalt'gen Trümmern,
Das sei versucht; Wir selbst entsagen hier

Zu Gunsten dieser greisen Majestät
Der Herrschermacht. *(Zu Edgar)* Ihr tretet in Eu'r Recht
Mit Ehr' und Zuwachs, wie es Eure Treu'
Mehr als verdient hat. Alle Freunde sollen
Den Lohn der Tugend kosten, alle Feinde
Den Kelch der Missetat. O seht, o seht! –
LEAR: Und tot mein armes Närrchen? – Nein! Kein Leben!
Ein Hund, ein Pferd, 'ne Maus soll Leben haben,
Und du nicht einen Hauch? – Oh, du kehrst nimmer wieder,
Niemals, niemals, niemals, niemals, niemals! –
Ich bitt' Euch, knöpft hier auf! – Ich dank' Euch, Herr!
Seht Ihr dies? Seht sie an! – Seht ihre Lippen,
Seht hier, – seht hier! – *(Er stirbt)*
EDGAR: Er schwindelt, – o mein König! –
KENT: Brich, Herz, ich bitt' dich, brich!
EDGAR: Blick' auf, mein König!
KENT: Quält seinen Geist nicht! Laßt ihn ziehn! Der haßt ihn,
Der auf die Folter dieser zähen Welt
Ihn länger spannen will.
EDGAR: Oh, wirklich tot! –
KENT: Das Wunder ist, daß er's ertrug so lang':
Sein Leben war nur angemaßt.
ALBANIEN: Tragt sie hinweg! Was uns zunächst erfüllt,
Ist allgemeine Trauer.
        (Zu Kent und Edgar) Herrscht ihr beiden,
Geliebten Freunde; heilt des Staates Leiden!
KENT: Ich muß zur Reise bald gerüstet sein;
Mein Meister ruft, ich darf nicht sagen: Nein!
ALBANIEN: Laßt uns, der trüben Zeit gehorchend, klagen,
Nicht, was sich ziemt, nur, was wir fühlen, sagen.
Dem ältsten war das schwerste Los gegeben,
Wir jüngern werden nie so viel erleben.
        (Sie gehn mit einem Totenmarsche ab)

MACBETH

Personen

DUNCAN, König von Schottland

MALCOLM
DONALBAIN } seine Söhne

MACBETH
BANQUO } Anführer des königlichen Heeres

MACDUFF
LENOX
ROSSE
MENTETH } schottische Edle
ANGUS
CATHNESS

FLEANCE, Banquos Sohn
SIWARD, Graf von Northumberland, Führer
  der englischen Truppen
Der JUNGE SIWARD, sein Sohn
SEYTON, ein Offizier in Macbeths Gefolge
Macduffs kleiner Sohn
Ein englischer Arzt und ein schottischer Arzt
Ein Soldat, ein Pförtner, ein alter Mann

LADY MACBETH
LADY MACDUFF
Eine Kammerfrau der Lady Macbeth

HEKATE und drei Hexen

Lords, Edelleute, Anführer, Krieger, Mörder, Boten
  Banquos Geist und andere Erscheinungen

Szene: Schottland. Zu Ende des vierten Aufzugs: England

Erster Aufzug

Erste Szene

EINE HEIDE · DONNER UND BLITZ
Drei Hexen treten auf

ERSTE HEXE: Wann kommen wir drei uns wieder entgegen,
Im Blitz und Donner, oder im Regen?
ZWEITE HEXE: Wenn der Wirrwarr stille schweigt,
Wer der Sieger ist, sich zeigt.
DRITTE HEXE: Das ist, eh' der Tag sich neigt.
ERSTE HEXE: Wo der Ort?
ZWEITE HEXE: Die Heide dort.
DRITTE HEXE: Da wird Macbeth sein. Fort, fort!
(Man hört einen Gesang in der Luft)
ERSTE HEXE: Grau Lieschen, ja! ich komme!
ALLE DREI: Unke ruft: – Geschwind –
Schön ist häßlich, häßlich schön:
Schwebt durch Dunst und Nebelhöh'n!
(Die Hexen verschwinden)

Zweite Szene

FREIES FELD BEI FORES
Kriegsgeschrei. Es treten auf der König Duncan,
Malcolm, Donalbain, Lenox, Gefolge;
ein blutender Krieger kommt ihnen entgegen

DUNCAN: Welch blut'ger Mann ist dies? Er kann berichten,
Nach seinem Ansehn scheint's, den neusten Stand
Des Aufruhrs.
MALCOLM: Dies ist der Kämpfer,
Der mich, als kecker, mutiger Soldat,

Aus meinen Feinden hieb: – Heil, tapfrer Freund
Dem König gib Bericht vom Handgemenge,
Wie du's verließest.

KRIEGER: Es stand zweifelhaft;
So wie zwei Schwimmer ringend sich umklammern,
Erdrückend ihre Kunst. Der grause Macdonwald
(Wert, ein Rebell zu sein; ihn so zu stempeln
Umschwärmen, stets sich mehrend, der Natur
Bosheiten ihn) ward von den Westeilanden
Von Kernen unterstützt und Galloglassen;
Und das Glück, dem scheußlichen Gemetzel lächelnd,
Schien des Rebellen Hure: doch umsonst,
Denn Held Macbeth, – wohl ziemt ihm dieser Name,
Das Glück verachtend, mit geschwungnem Stahl,
Der heiß von Blut und Niederlage dampfte,
Er, wie des Krieges Liebling, haut sich Bahn,
Bis er dem Schurken gegenüber steht;
Und nicht eh' schied noch sagt' er Lebewohl,
Bis er vom Nabel auf zum Kinn ihn schlitzte
Und seinen Kopf gepflanzt auf unsre Zinnen.

DUNCAN: O tapfrer Vetter! würd'ger Edelmann!

KRIEGER: Wie wenn mit erstem Sonnenlicht zugleich
Schiff brechende Stürm' und grause Donnerschläge –
So schwillt aus jenem Quell, der Trost verhieß,
Trostlosigkeit. Merk', Schottlands König, merk':
Kaum schlug Gerechtigkeit, mit Mut gestählt,
In schmähl'ge Flucht die leichtgefüßten Kernen,
Als Norwegs Fürst, den Vorteil ausersphend,
Mit noch unblut'ger Wehr und frischen Truppen
Von neuem uns bestürmt.

DUNCAN: Entmutigte
Das unsre Feldherrn nicht, Macbeth und Banquo?

KRIEGER: Ja wohl! wie Spatzen Adler, Hasen Löwen.
Grad' aus gesagt, muß ich von ihnen melden,
Sie waren wie Kanonen, überladen

Mit doppeltem Gekrach; so stürzten sie,
Die Doppelstreiche doppelnd, auf den Feind:
Ob sie in heißem Blute baden wollten,
Ob auferbaun ein zweites Golgatha,
Ich weiß es nicht –
Doch ich bin matt, die Wunden schrein nach Hülfe.

DUNCAN: Wie deine Worte zieren dich die Wunden;
Und Ehre strömt aus beiden. Schafft ihm Ärzte!
    (Der Krieger wird fortgeführt. Rosse tritt auf)
Wer nahet hier?

MALCOLM: Der würd'ge Than von Rosse.

LENOX: Welch Eilen deutet uns sein Blick! So müßte
Der blicken, der von Wundern melden will.

ROSSE: Gott schütz' den König!

DUNCAN: Von wannen, edler Than?

ROSSE: Von Fife, mein König,
Wo Norwegs Banner schlägt die Luft und fächelt
Kalt unser Volk.
Norwegen selbst, mit fürchterlichen Scharen,
Verstärkt durch den abtrünnigen Verräter,
Den Than von Cawdor, begann den grausen Kampf;
Bis ihm Bellonas Bräut'gam, kampfgefeit,
Entgegenstürmt mit gleicher Überkraft,
Schwert gegen Schwert, Arm gegen dräu'nden Arm,
Und beugt den wilden Trotz: mit einem Wort,
Der Sieg blieb unser: –

DUNCAN: Großes Glück!

ROSSE: So daß
Nun Sweno, Norwegs König, Frieden fleht;
Doch wir gestatteten ihm nicht Begräbnis
Der Seinen, bis er auf Sankt Columban
Zehntausend Taler in den Schatz gezahlt.

DUNCAN: Nicht frevle länger dieser Than von Cawdor
An unsrer Krone Heil! – Fort, künde Tod ihm an;
Mit seiner Würde grüße Macbeth dann!

ROSSE: Ich eile, Herr, von hinnen
DUNCAN: Held Macbeth soll, was der verliert, gewinnen.

(Alle ab)

Dritte Szene
DIE HEIDE · GEWITTER
Die drei Hexen treten auf

ERSTE HEXE: Wo warst du, Schwester?
ZWEITE HEXE: Schweine gewürgt.
DRITTE HEXE: Schwester, wo du?
ERSTE HEXE: Kastanien hatt' ein Schifferweib im Schoß,
    Und schmatzt', und schmatzt', und schmatzt' –
                              »Gib mir«, sprach ich:
    »Pack' dich, du Hexe!« schrie die garst'ge Vettel.
    Ihr Mann ist nach Aleppo, führt den Tiger;
    Doch schwimm' ich nach im Sieb, ich kann's,
    Wie eine Ratte ohne Schwanz;
    Ich tu's, ich tu's, ich tu's.
ZWEITE HEXE: Geb' dir 'nen Wind.
ERSTE HEXE: Bist gut gesinnt.
DRITTE HEXE: Ich den zweiten obendrein.
ERSTE HEXE: All die andern sind schon mein.
                Wo sie wehn, die Küsten kenn' ich.
                Jeden Punkt und Zirkel nenn' ich
                Auf des Seemanns Karte.
                Dürr wie Heu soll er verdorrn,
                Und kein Schlaf, durch meinen Zorn,
                Tag und Nacht sein Aug' erquickt,
                Leb' er wie vom Fluch gedrückt.
                Sieben Nächte, neun Mal neun,
                Siech und elend schrumpf' er ein:
                Kann ich nicht sein Schiff zerschmettern,
                Sei es doch umstürmt von Wettern.
                Schau', was ich hab'!

ZWEITE HEXE: Weis' her, weis' her!
ERSTE HEXE: Daum 'nes Lotsen; sinken sah
  Ich sein Schiff, dem Land schon nah.
           (Trommeln hinter der Szene)
DRITTE HEXE: Trommeln! – Ha!
           Macbeth ist da.
ALLE DREI: Unheilsschwestern, Hand in Hand
           Ziehn wir über Meer und Land.
           Rundum dreht euch so, rundum:
           Drei Mal dein und drei Mal mein,
           Und drei Mal noch, so macht es neun –
           Halt! – Der Zauber ist gezogen.
           (Macbeth und Banquo treten auf)
MACBETH: So schön und häßlich sah ich nie 'nen Tag.
BANQUO: Wie weit ist's noch nach Fores? – Wer sind diese?
  So eingeschrumpft, so wild in ihrer Tracht?
  Die nicht Bewohnern unsrer Erde gleichen,
  Und doch drauf stehn? Lebt ihr? Wie? seid ihr was,
  Das man darf fragen? Ihr scheint mich zu verstehn,
  Denn jede legt zugleich den stumpfen Finger
  Auf ihren falt'gen Mund: – ihr solltet Weiber sein,
  Und doch verbieten eure Bärte mir,
  Euch so zu deuten.
MACBETH: Sprecht, wenn ihr könnt: – Wer seid ihr?
ERSTE HEXE:
  Heil dir, Macbeth, Heil, Heil dir, Than von Glamis!
ZWEITE HEXE:
  Heil dir, Macbeth, Heil, Heil dir, Than von Cawdor!
DRITTE HEXE: Heil dir, Macbeth, dir, künft'gem König, Heil!
BANQUO: Was schreckst du, Mann? erregt dir Furcht, was doch
  So lieblich lautet? – In der Wahrheit Namen,
  Seid ihr Wahnbilder, oder wirklich das,
  Was körperlich ihr scheint? Den edlen Kampffreund
  Grüßt ihr mit neuem Erb' und Prophezeiung
  Von hoher Würd' und königlicher Hoffnung,

Daß er verzückt da steht; mir sagt ihr nichts:
Wenn ihr durchschauen könnt die Saat der Zeit
Und sagen: dies Korn sproßt und jenes nicht, –
So sprecht zu mir, der nicht erfleht noch fürchtet
Gunst oder Haß von euch!

ERSTE HEXE: Heil!

ZWEITE HEXE: Heil!

DRITTE HEXE: Heil!

ERSTE HEXE: Kleiner als Macbeth, und größer.

ZWEITE HEXE: Nicht so beglückt, und doch weit glücklicher.

DRITTE HEXE: Kön'ge erzeugst du, bist du selbst auch keiner.
So, Heil, Macbeth und Banquo!

ERSTE HEXE: Banquo und Macbeth, Heil!

MACBETH: Bleibt, ihr einsylb'gen Sprecher, sagt mir mehr:
Mich macht, so hör' ich, Sinels Tod zum Glamis,
Doch wie zum Cawdor? Der Than von Cawdor lebt
Als ein beglückter Mann; und König sein,
Das steht so wenig im Bereich des Glaubens,
Als Than von Cawdor. Sagt, von wannen euch
Die wunderbare Kunde ward? weshalb
Auf dürrer Heid' ihr unsre Schritte hemmt
Mit so prophet'schem Gruß? – Sprecht, ich beschwör' euch!
(Die Hexen verschwinden)

BANQUO: Die Erd' hat Blasen, wie das Wasser hat,
So waren diese – wohin schwanden sie?

MACBETH: In Luft, und, was uns Körper schien, zerschmolz
Wie Hauch im Wind. Oh, wären sie noch da!

BANQUO: War so was wirklich hier, wovon wir sprechen?
Oder aßen wir von jener gift'gen Wurzel,
Die die Vernunft bewältigt?

MACBETH: Eure Kinder,
Sie werden Kön'ge.

BANQUO: Ihr sollt König werden.

MACBETH: Und Than von Cawdor auch; hieß es nicht so?

BANQUO: Ganz so in Weis' und Worten. Wer kommt da?

(Rosse und Angus treten auf)

ROSSE: Der König hörte hoch erfreut, Macbeth,
  Die Kunde deines Siegs; und wenn er liest,
  Wie im Rebellenkampf du selbst dich preis gabst,
  So stritten in ihm Staunen und Bewund'rung,
  Was dir, was ihm gehört. Doch überschauend,
  Was noch am selb'gen Tag geschehn, verstummt er;
  In Norwegs kühnen Schlachtreih'n sieht er dich,
  Vor dem nicht bebend, was du selber schufest,
  Abbilder grausen Tods. Wie Wort auf Wort
  In schneller Rede, so kam Bot' auf Bote,
  Und jeder trug dein Lob, im großen Kampf
  Für seinen Thron, und schüttet's vor ihm aus.
ANGUS: Wir sind gesandt vom königlichen Herrn,
  Dir Dank zu bringen; vor sein Angesicht
  Dich zu geleiten nur, nicht dir zu lohnen.
ROSSE: Und als das Handgeld einer größern Ehre
  Hieß er, als Than von Cawdor dich zu grüßen:
  Heil dir in diesem Titel, würd'ger Than!
  Denn er ist dein.
BANQUO: Wie, spricht der Teufel wahr?
MACBETH: Der Than von Cawdor lebt: was kleidet Ihr
  Mich in erborgten Schmuck?
ANGUS: Der Than war, lebt noch;
  Doch unter schwerem Urteil schwebt das Leben,
  Das er verwirkt. Ob er im Bund mit Norweg;
  Ob, Rückhalt der Rebellen, er geheim
  Sie unterstützte; ob vielleicht mit beiden
  Er half zu seines Lands Verderb, – ich weiß nicht;
  Doch Hochverrat, gestanden und erwiesen,
  Hat ihn gestürzt.
MACBETH: Glamis und Than von Cawdor:
  Das Höchst' ist noch zurück. – Dank Eurer Müh'! –
  Hofft Ihr nicht Euren Stamm gekrönt zu sehen,
  Da jene, die mich Than von Cawdor nannten,

Nichts Mindres prophezeit?

BANQUO: Darauf gefußt,
Möcht' es wohl auch zur Krone Euch entflammen,
Jenseits dem Than von Cawdor. Aber seltsam!
Oft, uns in eignes Elend zu verlocken,
Erzählen Wahrheit uns des Dunkels Schergen,
Verlocken uns durch schuldlos Spielwerk, uns
Dem tiefsten Abgrund zu verraten. – Vettern,
Vergönnt ein Wort!

MACBETH: Zweimal gesprochene Wahrheit,
Als Glücksprologen zum erhabnen Schauspiel
Von kaiserlichem Inhalt. – Freund', ich dank' euch! –
Die Anmahnung von jenseits der Natur   [schlimm –
Kann schlimm nicht sein, – kann gut nicht sein: – wenn
Was gibt sie mir ein Handgeld des Erfolgs,
Wahrhaft beginnend? Ich bin Than von Cawdor: –
Wenn gut, – warum befängt mich die Versuchung?
Deren entsetzlich Bild aufsträubt mein Haar,
So daß mein festes Herz ganz unnatürlich
An meine Rippen schlägt. – Erlebte Greuel
Sind schwächer als das Grau'n der Einbildung.
Mein Traum, des Mord nur noch ein Hirngespinst,
Erschüttert meine schwache Menschheit so,
Daß jede Lebenskraft in Ahnung schwindet,
Und nichts ist, als was nicht ist.

BANQUO: Seht den Freund,
Wie er verzückt ist!

MACBETH: Will das Schicksal mich
Als König, nun, mag mich das Schicksal krönen,
Tu' ich auch nichts.

BANQUO: Die neue Würde engt ihn,
Wie fremd Gewand sich auch nur durch Gewohnheit
Dem Körper fügt.

MACBETH: Komme, was kommen mag;
Die Stund' und Zeit durchläuft den rauhsten Tag.

BANQUO: Edler Macbeth, wir harren Eurer Muße.

MACBETH: Habt Nachsicht – in vergeßnen Dingen wühlte
Mein dumpfes Hirn. Ihr güt'gen Herrn, eu'r Mühn
Ist eingeschrieben, wo das Blatt ich täglich
Umschlag' und les'. – Entgegen jetzt dem König! –
Denkt dessen, was geschah, und bei mehr Muße,
Wenn ein'ge Zeit es reifte, laßt uns frei
Aus offner Seele reden!

BANQUO: Herzlich gern.

MACBETH: Bis dahin still! – Kommt, Freunde!   *(Alle ab)*

Vierte Szene

Trompeten. Es treten auf Duncan, Malcolm, Donalbain,
Lenox, Gefolge

DUNCAN: Ist Cawdor hingerichtet? oder jene,
Die wir beauftragt, noch nicht wieder da?

MALCOLM: Sie sind noch nicht zurück, mein Oberherr;
Doch sprach ich einen, der ihn sterben sah.
Der sagte mir, er habe den Verrat
Freimütig eingestanden, um Eu'r Hoheit
Verzeihn gefleht und tiefe Reu' gezeigt;
Nichts stand in seinem Leben ihm so gut,
Als wie er es verlassen hat; er starb
Wie einer, der sich auf den Tod geübt,
Und warf das Liebste, was er hatte, von sich,
Als wär's unnützer Tand.

DUNCAN: Kein Wissen gibt's,
Der Seele Bildung im Gesicht zu lesen;
Es war ein Mann, auf den ich gründete
Ein unbedingt Vertraun. – Würdigster Vetter!
        (Es treten auf Macbeth, Banquo, Rosse und Angus)

133

Die Sünde meines Undanks drückte schwer
Mich eben jetzt. Du bist so weit voraus,
Daß der Belohnung schnellste Schwing' erlahmt,
Dich einzuholen. Hätt'st du wen'ger doch verdient,
Daß ich ausgleichen könnte das Verhältnis
Von Dank und Lohn! Nimm das Geständnis an:
Mehr schuld' ich, als mein Alles zahlen kann.   [Tun.
MACBETH: Dienst, so wie Lehnspflicht, lohnt sich selbst im
  Genug, wenn Eure Hoheit unsre Pflichten
  Annehmen will: und unsre Pflichten sind
  Die Söhn' und Diener Eures Throns und Staates,
  Und tun nur, was sie müssen, tun sie alles,
  Was Lieb' und Ehrfurcht heischt.
DUNCAN: Willkommen hier!
  Ich habe dich gepflanzt und will dich pflegen,
  Um dein Gedeihn zu fördern. – Edler Banquo,
  Nicht minder ist dein Wert, und wird von uns
  Nicht minder anerkannt. Laß dich umschließen
  Und an mein Herz dich drücken!
BANQUO: Wachs' ich da,
  So ist die Ernte Euer.
DUNCAN: Meine Wonne,
  Üppig im Übermaß, will sich verbergen
  In Schmerzenstropfen. – Söhne, Vettern, Thans,
  Und ihr, die Nächsten unserm Thron, vernehmt,
  An Malcolm, unsern Ältsten, übertragen
  Wir unser Thronrecht: Prinz von Cumberland
  Heißt er demnach, und solche Ehre soll
  Nicht unbegleitet ihm verliehen sein;
  Denn Adelszeichen sollen, Sternen gleich,
  Auf jeden Würd'gen strahlen. – Fort von hier
  Nach Inverneß, und sei uns näher stets!
MACBETH: Arbeit ist jede Ruh', die Euch nicht dient.
  Ich selbst bin Euer Bote und beglücke

Durch Eures Nahens Kunde meine Hausfrau:
So scheid' ich demutsvoll.
DUNCAN: Mein würd'ger Cawdor!
MACBETH *(für sich)*:
Ha! Prinz von Cumberland! – Das ist ein Stein,
Der muß, sonst fall' ich, übersprungen sein,
Weil er mich hemmt. Verbirg dich, Sternenlicht!
Schau' meine schwarzen, tiefen Wünsche nicht!
Sieh, Auge, nicht die Hand; doch laß geschehen,
Was, wenn's geschah, das Auge scheut zu sehen! *(Er geht ab)*
DUNCAN: Ja, teurer Banquo, er ist ganz so edel,
Und ihn zu preisen, ist mir eine Labung;
Es ist ein Fest für mich. Laßt uns ihm nach,
Des Lieb' uns vorgeeilt, uns zu begrüßen:
Wer gleicht dem teuren Vetter?   *(Trompeten. Alle gehn ab)*

Fünfte Szene
INVERNESS · ZIMMER IN MACBETS SCHLOSS
Lady Macbeth tritt auf mit einem Brief

LADY MACBETH *(liest)*: »Sie begegneten mir am Tage des Sieges;
und ich erfuhr aus den sichersten Proben, daß sie mehr als
menschliches Wissen besitzen. Als ich vor Verlangen brannte,
sie weiter zu befragen, verschwanden sie und zerflossen in
Luft. Indem ich noch, von Erstaunen betäubt, da stand, kamen
die Abgesandten des Königs, die mich als Than von Cawdor
begrüßten; mit welchem Titel mich kurz vorher diese Zauberschwestern angeredet und mich durch den Gruß: ›Heil dir,
dem künft'gen König!‹ auf die Zukunft verwiesen hatten. Ich
habe es für gut gehalten, dir dies zu vertrauen, meine geliebte-
ste Teilnehmerin der Hoheit, auf daß dein Mitgenuß an der
Freude dir nicht entzogen werde, wenn du nicht erfahren hät-
test, welche Hoheit dir verheißen ist. Leg' es an dein Herz und
lebe wohl !«

Glamis bist du; und Cawdor; und sollst werden,
Was dir verheißen ward: – Doch fürcht' ich dein Gemüt;
Es ist zu voll von Milch der Menschenliebe,
Das Nächste zu erfassen. Groß möcht'st du sein,
Bist ohne Ehrgeiz nicht; doch fehlt die Bosheit,
Die ihn begleiten muß. Was recht du möchtest,
Das möcht'st du rechtlich; möchtest falsch nicht spielen,
Und unrecht doch gewinnen: möchtest gern
Das haben, großer Glamis, was dir zuruft:
»Dies mußt du tun, wenn du es haben willst!« –
Und was du mehr dich scheust zu tun, als daß
Du ungetan es wünschest. Eil' hieher,
Auf daß ich meinen Mut ins Ohr dir gieße,
Und alles weg mit tapfrer Zunge geißle,
Was von dem goldnen Zirkel dich zurückdrängt,
Womit Verhängnis dich und Zaubermacht
Im voraus schon gekrönt zu haben scheint. – –
                    (Ein Diener tritt auf)
Was gibt es Neues?

DIENER: Noch vor Abend kommt
Hierher der König.

LADY MACBETH: Tolle Rede sprichst du;
Ist nicht dein Herr bei ihm? der, wär' es so,
Der Anstalt wegen es gemeldet hätte.

DIENER: Verzeiht; es ist doch wahr. Der Than kommt gleich,
Denn ein Kam'rad von mir ritt ihm voraus;
Fast tot von großer Eil', hatt' er kaum Atem,
Die Botschaft zu bestellen.

LADY MACBETH: Sorgt für ihn,
Er bringt uns große Zeitung. *(Der Diener geht ab)*
                    Selbst der Rab' ist heiser,
Der Duncans schicksalsvollen Eingang krächzt
Unter mein Dach. – Kommt, Geister, die ihr lauscht
Auf Mordgedanken, und entweibt mich hier;
Füllt mich von Wirbel bis zur Zeh', randvoll,

Mit wilder Grausamkeit! Verdickt mein Blut;
Sperrt jeden Weg und Eingang dem Erbarmen,
Daß kein anklopfend Mahnen der Natur
Den grimmen Vorsatz lähmt; noch friedlich hemmt
Vom Mord die Hand! Kommt an die Weibesbrust,
Trinkt Galle statt der Milch, ihr Morddämonen,
Wo ihr auch harrt in unsichtbarer Kraft
Auf Unheil der Natur! Komm, schwarze Nacht,
Umwölk' dich mit dem dicksten Dampf der Hölle,
Daß nicht mein scharfes Messer sieht die Wunde,
Die es geschlagen; noch der Himmel,
Durchschauend aus des Dunkels Vorhang, rufe:
Halt! Halt!   *(Macbeth tritt auf)*
          O großer Glamis! edler Cawdor!
Größer als beides durch das künft'ge Heil!
Dein Brief hat über das armsel'ge Heut
Mich weit verzückt, und ich empfinde nun
Das Künftige im Jetzt.

MACBETH: Mein teures Leben,
   Duncan kommt heut noch.

LADY MACBETH: Und wann geht er wieder?

MACBETH: Morgen, so denkt er –

LADY MACBETH: Oh, nie soll die Sonne
   Den Morgen sehn! Dein Angesicht, mein Than,
   Ist wie ein Buch, wo wunderbare Dinge
   Geschrieben stehen. – Die Zeit zu täuschen scheine
   So wie die Zeit; den Willkomm trag' im Auge,
   In Zung' und Hand; blick' harmlos wie die Blume,
   Doch sei die Schlange drunter! Wohl versorgt
   Muß der sein, der uns naht; und meiner Hand
   Vertrau', das große Werk der Nacht zu enden,
   Daß alle künft'gen Tag' und Nächt' uns lohne
   Allein'ge Königsmacht und Herrscherkrone!

MACBETH: Wir sprechen noch davon.

LADY MACBETH: Blick hell und licht;

Mißtraun erregt verändert Angesicht:
Laß alles andre mir! *(Sie gehen ab)*

Sechste Szene

EBENDASELBST, VOR DEM SCHLOSS
Es treten auf Duncan, Malcolm, Donalbain, Banquo, Macduff,
Rosse, Angus, Gefolge

DUNCAN: Dies Schloß hat eine angenehme Lage;
Gastlich umfängt die lichte, milde Luft
Die heitern Sinne.
BANQUO: Dieser Sommergast,
Die Schwalbe, die an Tempeln nistet, zeigt
Durch ihren fleiß'gen Bau, daß Himmelsatem
Hier lieblich haucht; kein Vorsprung, Fries, noch Pfeiler,
Kein Winkel, wo der Vogel nicht gebaut
Sein hängend Bett und Wiege für die Brut:
Wo er am liebsten heckt und wohnt, da fand ich
Am reinsten stets die Luft.
                    (Lady Macbeth tritt auf)
DUNCAN: Seht! unsre edle Wirtin!
Die Liebe, die uns folgt, wird oft uns lästig;
Doch dankt man ihr als Liebe. Lernt daraus,
Noch Gottes Lohn für Eure Müh' uns geben
Und Dank für Eure Last.
LADY MACBETH: All unsre Dienste,
Zwiefach in jedem Punkt, und dann verdoppelt,
Wär' nur ein arm und schwaches Tun, verglichen
Der hohen Gunst, womit Eu'r Majestät
Verherrlicht unser Haus. Für früh're Würden,
Wie für die letzte, die die andern krönt,
Bleiben wir im Gebet Euch Knecht und Diener.
DUNCAN: Wo ist der Than von Cawdor?
Wir folgten auf dem Fuß ihm, denn wir meinten

138

Ihn anzumelden; doch er reitet schnell;
Und seine Liebe, schärfer als sein Sporn,
Bracht' ihn vor uns hieher. Höchst edle Wirtin,
Wir sind zu Nacht Eu'r Gast.

LADY MACBETH: Für allezeit
Besitzen Eure Diener nur das Ihre,
Sich selbst und was sie haben, als Verwalter,
Und legen Rechnung ab, nach Eurer Hoheit
Befehl; und geben Euch zurück, was Euer.

DUNCAN: Reicht mir die Hand; führt mich zu meinem Wirt:
Wir lieben herzlich ihn, und unsre Huld
Wird seiner stets gedenken. Teure Wirtin,
Erlaubt –

*(Er nimmt ihre Hand und führt sie in das Schloß,
die übrigen folgen)*

Siebente Szene

EBENDASELBST, SCHLOSSHOF

Hoboen und Fackeln. Ein Vorschneider und mehrere Diener mit Schüsseln
gehn über die Bühne; dann kommt Macbeth

MACBETH: Wär's abgetan, so wie's getan ist, dann wär's gut,
Man tät' es eilig: – Wenn der Meuchelmord
Aussperren könnt' aus seinem Netz die Folgen
Und nur Gelingen aus der Tiefe zöge:
Daß mit dem Stoß, einmal für immer, alles
Sich abgeschlossen hätte – hier, nur hier –
Auf dieser Schülerbank der Gegenwart –,
So setzt' ich weg mich übers künft'ge Leben. –
   Doch immer wird bei solcher Tat uns schon
Vergeltung hier: daß, wie wir ihn gegeben,
Den blut'gen Unterricht, er, kaum gelernt,
Zurück schlägt, zu bestrafen den Erfinder.
Dies Recht, mit unabweislich fester Hand,

Setzt unsern selbstgemischten, gift'gen Kelch
An unsre eignen Lippen. –
    Er kommt hieher, zwiefach geschirmt: – Zuerst,
Weil ich sein Vetter bin und Untertan,
Beides hemmt stark die Tat; dann, ich – sein Wirt,
Der gegen seinen Mörder schließen müßte
Das Tor, nicht selbst das Messer führen. –
    Dann hat auch dieser Duncan seine Würde
So mild getragen, blieb im großen Amt
So rein, daß seine Tugenden, wie Engel
Posaunenzüngig, werden Rache schrein
Dem tiefen Höllengreuel seines Mords;
Und Mitleid, wie ein nacktes, neugebornes Kind,
Auf Sturmwind reitend, oder Himmels Cherubim,
Zu Roß auf unsichtbaren, luft'gen Rennern,
Blasen die Schreckenstat in jedes Auge,
Bis Tränenflut den Wind ertränkt. –
    Ich habe keinen Stachel,
Die Seiten meines Wollens anzuspornen,
Als einzig Ehrgeiz, der, zum Aufschwung eilend,
Sich überspringt und jenseits niederfällt: –

               (Lady Macbeth tritt auf)

Wie nun, was gibt's?

LADY MACBETH: Er hat fast abgespeist.
    Warum hast du den Saal verlassen?

MACBETH: Hat er
    Nach mir gefragt?

LADY MACBETH: Weißt du nicht, daß er's tat?

MACBETH: Wir woll'n nicht weiter gehn in dieser Sache;
    Er hat mich jüngst belohnt, und goldne Achtung
    Hab' ich von Leuten aller Art gekauft:
    Die will getragen sein im neusten Glanz,
    Und nicht so plötzlich weggeworfen.

LADY MACBETH: War
    Die Hoffnung trunken, worin du dich hülltest?

Schlief sie seitdem, und ist sie nun erwacht,
So bleich und krank das anzuschauen, was sie
So fröhlich tat? – Von jetzt an denk' ich
Von deiner Liebe so. Bist du zu feige,
Derselbe Mann zu sein in Tat und Mut,
Der du in Wünschen bist? Möcht'st du erlangen,
Was du den Schmuck des Lebens schätzen mußt,
Und Memme sein in deiner eignen Schätzung?
Muß dir »*Ich fürchte*« folgen dem »*Ich möchte*«,
Der armen Katz' im Sprichwort gleich?

MACBETH: Sei ruhig!
    Ich wage alles, was dem Menschen ziemt;
    Wer mehr wagt, der ist keiner.

LADY MACBETH: Welch ein Tier
    Hieß dich von deinem Vorsatz mit mir reden?
    Als du es wagtest, da warst du ein Mann;
    Und mehr sein, als du warst, das machte dich
    Nur um so mehr zum Mann. Nicht Zeit, nicht Ort
    Traf damals zu, du wolltest beide machen:
    Sie machen selbst sich, und ihr hurt'ger Dienst
    Macht dich zu nichts. Ich hab' gesäugt und weiß,
    Wie süß, das Kind zu lieben, das ich tränke;
    Ich hätt', indem es mir entgegen lächelte,
    Die Brust gerissen aus den weichen Kiefern
    Und ihm den Kopf geschmettert an die Wand,
    Hätt' ich's geschworen, wie du dieses schwurst.

MACBETH: Wenn's uns mißlänge, –

LADY MACBETH: Uns mißlingen! –
    Schraub' deinen Mut nur bis zum Punkt des Halts,
    Und es mißlingt uns nicht. Wenn Duncan schläft,
    Wozu so mehr des Tages starke Reise
    Ihn einlädt, – seine beiden Kämmerlinge
    Will ich mit würz'gem Weine so betäuben,
    Daß des Gehirnes Wächter, das Gedächtnis,
    Ein Dunst sein wird, und der Vernunft Behältnis

Ein Dampfhelm nur: – Wenn nun im vieh' schen Schlaf
Ertränkt ihr Dasein liegt, so wie im Tode,
Was können du und ich dann nicht vollbringen
Am unbewachten Duncan? was nicht schieben
Auf die berauschten Diener, die die Schuld
Des großen Mordes trifft?

MACBETH: Gebär' mir Söhne nur!
   Aus deinem unbezwungnen Stoffe können
   Nur Männer sprossen. Wird man es nicht glauben,
   Wenn wir mit Blut die zwei Schlaftrunknen färben,
   Die Kämmerling', und ihre Dolche brauchen,
   Daß sie's getan?

LADY MACBETH: Wer darf was anders glauben,
   Wenn unsers Grames lauter Schrei ertönt
   Bei seinem Tode?

MACBETH: Ich bin fest; gespannt
   Zu dieser Schreckenstat ist jeder Nerv.
   Komm, täuschen wir mit heiterm Blick die Stunde:
   Birg, falscher Schein, des falschen Herzens Kunde!

                                        (Sie gehen ab)

Zweiter Aufzug

Erste Szene

BANQUO: Wie spät, mein Sohn?

FLEANCE: Der Mond ging unter, schlagen hört' ich's nicht.

BANQUO: Um zwölf Uhr geht er unter.

FLEANCE: 'S ist wohl später.

BANQUO: Da, nimm mein Schwert. – 'S ist Sparsamkeit im
     Aus taten sie die Kerzen. – Nimm das auch!   [Himmel,
     Ein schwerer Schlaftrieb liegt wie Blei auf mir,
     Und doch möcht' ich nicht schlafen. Gnäd'ge Mächte!
     Hemmt in mir böses Denken, dem Natur
     Im Schlummer Raum gibt! – Gib mein Schwert!
     (Macbeth tritt auf und ein Diener mit einer Fackel)   Wer da?

MACBETH: Ein Freund.

BANQUO: Wie, Herr, noch auf? Der König ist zu Bett.
     Er war ausnehmend froh und sandte noch
     All Euren Hausbedienten reiche Gaben;
     Doch Eure Frau soll dieser Demant grüßen,
     Als seine güt'ge Wirtin. Höchst zufrieden
     Begab er sich zur Ruh'.

MACBETH: Unvorbereitet,
     Ward nur des Mangels Diener unser Wille,
     Der sonst sich frei enthüllt.

BANQUO: Alles war gut.
     Mir träumte jüngst von den drei Zauberschwestern:
     Euch haben sie was Wahres doch gesagt.

MACBETH: Ich denke nicht an sie;
     Doch ließe sich gelegne Stunde finden,
     So sprächen wir wohl ein'ges in der Sache,
     Gewährtet Ihr die Zeit.

BANQUO: Wie's Euch beliebt.

MACBETH: Schließt Ihr Euch meinem Sinn an, – wenn es ist, –
  Wird's Ehr' Euch bringen.

BANQUO: Büß' ich sie nicht ein,
  Indem ich sie zu mehren streb', und bleibt
  Mein Busen frei und meine Lehnspflicht rein,
  Gern nehm' ich Rat an.

MACBETH: Gute Nacht indes!

BANQUO: Dank, Herr, Euch ebenfalls!

(Banquo, Fleance und Diener ab)

MACBETH: Sag deiner Herrin, wenn mein Trank bereit,
  Soll sie die Glocke ziehn. Geh du zu Bett. *(Der Diener geht ab)*
  Ist das ein Dolch, was ich vor mir erblicke,
  Der Griff mir zugekehrt? Komm, laß dich packen –
  Ich fass' dich nicht, und doch seh' ich dich immer.
  Bist du, Unglücksgebild, so fühlbar nicht
  Der Hand, gleich wie dem Aug'? oder bist du nur
  Ein Dolch der Einbildung, ein nichtig Blendwerk,
  Das aus dem heiß gequälten Hirn erwächst?
  Ich seh' dich noch, so greifbar von Gestalt
  Wie der, den jetzt ich zücke.
  Du gehst mir vor den Weg, den ich will schreiten,
  Und eben solche Waffe wollt' ich brauchen.
  Mein Auge ward der Narr der andern Sinne,
  Oder mehr als alle wert. – Ich seh' dich stets,
  Und dir an Griff und Klinge Tropfen Bluts,
  Was erst nicht war. – Es ist nicht wirklich da:
  Es ist die blut'ge Arbeit, die mein Auge
  So in die Lehre nimmt. – Jetzt auf der halben Erde
  Scheint tot Natur, und den verhangnen Schlaf
  Quälen Versucherträume; Hexenkunst
  Begeht den Dienst der bleichen Hekate;
  Und dürrer Mord,
  Durch seine Schildwacht aufgeschreckt, den Wolf,
  Der ihm das Wachtwort heult, – so dieb'schen Schrittes,

Wie wild entbrannt Tarquin, dem Ziel entgegen,
Schreitet gespenstisch. –
Du festgefugte Erde, leicht verwundbar,
Hör' meine Schritte nicht, wo sie auch wandeln,
Daß nicht ausschwatzen selber deine Steine
Mein Wohinaus und von der Stunde nehmen
Den jetz'gen stummen Graus, der so ihr ziemt. –
Hier droh' ich, er lebt dort;
Für heiße Tat zu kalt das müß'ge Wort!
          (Die Glocke wird angeschlagen)
Ich geh', und 's ist getan: die Glocke mahnt.
Hör' sie nicht, Duncan, 's ist ein Grabgeläut',
Das dich zu Himmel oder Höll' entbeut.   *(Er steigt hinauf)*
       (Lady Macbeth tritt unten auf)
LADY MACBETH: Was sie betäubte, hat mich stark gemacht,
    Und was sie dämpft', hat mich entflammt. – Still, horch! –
    Die Eule war's, die schrie, der traur'ge Wächter,
    Der gräßlich gute Nacht wünscht. –, Er ist dran: –
    Die Türen sind geöffnet, schnarchend spotten
    Die überladnen Diener ihres Amts;
    Ich würzte ihren Schlaftrunk, daß Natur
    Und Tod sich streiten, wem sie angehören.
MACBETH *(der oben erscheint)*: Ha! wie? wer ist da?
           (Er geht wieder hinein)
LADY MACBETH: O weh! ich fürchte, sie sind aufgewacht,
    Und es ist nicht geschehn: – der Anschlag, nicht die Tat
    Verdirbt uns. – Horch! – Ich legt' ihm ihre Dolche
    Bereit, die mußt' er finden. – Hätt' er nicht
    Geglichen meinem Vater, wie er schlief,
    So hätt' ich's selbst getan. –
        (Macbeth tritt auf) Nun, mein Gemahl!
MACBETH: Ich hab' die Tat getan – hört'st du nicht was?
LADY MACBETH:
    Die Eule hört' ich schrein, und Heimchen zirpen.
    Sprachst du nichts?

MACBETH: Wann?

LADY MACBETH: Jetzt.

MACBETH: Wie ich 'runter kam?

LADY MACBETH: Ja.

MACBETH: Horch! wer schläft im zweiten Zimmer?

LADY MACBETH: Donalbain.

MACBETH: Dort sieht's erbärmlich aus.

LADY MACBETH: Wie wunderlich,
    Erbärmlich das zu nennen! –

MACBETH: Der eine lacht' im Schlaf – und »*Mord!*« schrie einer,
    Daß sie einander weckten; ich stand und hört' es,
    Sie aber sprachen ihr Gebet und legten
    Zum Schlaf sich wieder.

LADY MACBETH: Dort wohnen zwei beisammen.

MACBETH:
    Der schrie, »*Gott sei uns gnädig!*« – jener, »*Amen!*«
    Als säh'n sie mich mit diesen Henkershänden.
    Behorchend ihre Angst, konnt' ich nicht sagen
    »Amen«, als jener sprach: »Gott sei uns gnädig!«

LADY MACBETH: Denkt nicht so tief darüber!

MACBETH: Doch warum
    Konnt' ich nicht »Amen« sprechen? War mir doch
    Die Gnad' am meisten not, und »Amen« stockte
    Mir in der Kehle.

LADY MACBETH: Dieser Taten muß
    Man so nicht denken; so macht es uns toll.

MACBETH:
    Mir war, als rief es: »*Schlaft nicht mehr! Macbeth*
    Mordet den Schlaf!« Ihn, den unschuld'gen Schlaf;
    Schlaf, der des Grams verworr'n Gespinst entwirrt,
    Den Tod von jedem Lebenstag, das Bad
    Der wunden Müh', den Balsam kranker Seelen,
    Den zweiten Gang im Gastmahl der Natur,
    Das nährendste Gericht beim Fest des Lebens.

LADY MACBETH: Was meinst du?

MACBETH:
Stets rief es: »*Schlaft nicht mehr!*« durchsganze Haus;
»*Glamis mordet den Schlaf!*« und drum wird Cawdor
Nicht schlafen mehr, Macbeth nicht schlafen mehr.

LADY MACBETH: Wer war es, der so rief? Mein würd'ger Than,
Du läßt den edeln Mut erschlaffen, denkst du
So hirnkrank drüber nach. Nimm etwas Wasser,
Und wasch' von deiner Hand das garst'ge Zeugnis! –
Was brachtest du die Dolche mit herunter?
Dort liegen müssen sie; geh, bring' sie hin,
Und färb' mit Blut die Kämm'rer, wie sie schlafen.

MACBETH: Ich gehe nicht mehr hin, ich bin entsetzt,
Denk' ich, was ich getan: es wieder schaun –
Ich wag' es nicht!

LADY MACBETH: O schwache Willenskraft!
Gib mir die Dolche! Schlafende und Tote
Sind Bilder nur; der Kindheit Aug' allein
Scheut den gemalten Teufel. Wenn er blutet,
Färb' ich damit der Diener Kleider rot;
So tragen sie des Mords Livrei. *(Sie geht ab. Man hört klopfen)*

MACBETH: Woher das Klopfen?
Wie ist's mit mir, daß jeder Ton mich schreckt?
Was sind das hier für Hände? Ha, sie reißen
Mir meine Augen aus! –
Kann wohl des großen Meergotts Ozean
Dies Blut von meiner Hand rein waschen? Nein;
Weit eh'r kann diese meine Hand mit Purpur
Die unermeßlichen Gewässer färben
Und Grün in Rot verwandeln. –
                    (Lady Macbeth kommt zurück)

LADY MACBETH: Meine Hände
Sind blutig, wie die deinen; doch ich schäme
Mich, daß mein Herz so weiß ist.   *(Es wird geklopft)*
                                        Klopfen hör' ich

Am Südtor: – Eilen wir in unsre Kammer;
Ein wenig Wasser reint uns von der Tat,
Wie leicht dann ist sie! Deine Festigkeit
Verließ dich ganz und gar. *(Es wird geklopft)*

                                            Horch, wieder Klopfen.
Tu' an dein Nachtkleid; müssen wir uns zeigen,
Daß man nicht sieht, wir wachten! – Verlier' dich nicht
So ärmlich in Gedanken!

MACBETH: Meine Tat
Zu wissen! – besser von mir selbst nichts wissen!
Klopf' Duncan aus dem Schlaf! O könntest du's! –

                                              (Sie gehn ab)

Zweite Szene

EBENDASELBST

Der Pförtner kommt; es wird geklopft

PFÖRTNER: Das ist ein Klopfen! Wahrhaftig, wenn einer Höl-
lenpförtner wäre, da hätte er was zu schließen. Poch, poch,
poch: Wer da, in Beelzebubs Namen? Ein Pachter, der sich in
Erwartung einer reichen Ernte aufhing. Zur rechten Zeit gekommen; habt Ihr auch Schnupftücher genug bei Euch? denn
hier werdet Ihr dafür schwitzen müssen! – Poch, poch: Wer
da, in des andern Teufels Namen? Mein' Treu', ein Zweideutler, der in beide Schalen gegen jede Schale schwören konnte,
der um Gottes willen Verrätereien genug beging und sich doch
nicht zum Himmel hinein zweideuteln konnte. Herein, Zweideutler! –Poch, poch, poch: Wer da? Mein' Treu', ein englischer Schneider, hier angekommen, weil er etwas aus einer
französischen Hose gestohlen: herein, Schneider; hier kannst
du deine Bügelgans braten. Poch, poch – Keine Ruhe! Wer
seid Ihr? Aber hier ist es zu kalt für die Hölle; ich mag nicht
länger Teufelspförtner sein. Ich dachte, ich wollte von jedem
Gewerbe einige herein lassen, die den breiten Rosenpfad zum

ewigen Freudenfeuer wandeln. – Gleich, gleich! Ich bitt'
Euch, bedenkt doch, daß der Pförtner auch ein Mensch ist!

(Er öffnet das Tor; Macduff und Lenox kommen herein)

MACDUFF: Kamest du so spät zu Bett, Freund, daß du nun so
spät aufstehst?

PFÖRTNER: Mein' Seel', Herr, wir zechten, bis der zweite Hahn
krähte; und der Trunk ist ein großer Beförderer von drei Dingen.

MACDUFF: Was sind denn das für drei Dinge, die der Trunk vor-
züglich befördert?

PFÖRTNER: Ei, Herr, rote Nasen, Schlaf und Urin. Buhlerei befördert und dämpft er zugleich: er befördert das Verlangen
und dämpft das Tun. Darum kann man sagen, daß vieles Trinken ein Zweideutler gegen die Buhlerei ist: es schafft sie und
vernichtet sie; treibt sie an und hält sie zurück; macht ihr Mut
und schreckt sie ab; heißt sie, sich brav halten und nicht brav
halten; zweideutelt sie zuletzt in Schlaf, straft sie Lügen und
geht davon.

MACDUFF: Ich glaube, der Trunk strafte dich die Nacht Lügen.

PFÖRTNER: Ja, Herr, das tat er, in meinen Hals hinein; aber ich
vergalt ihm seine Lügen, und ich denke, ich war ihm doch zu
stark; denn obgleich er mir die Beine ein paar Mal unten weg
zog, so fand ich doch einen Kniff, ihn hinaus zu schmeißen.

MACDUFF: Ist dein Herr schon aufgestanden?
Geweckt hat unser Klopfen ihn; hier kommt er.

(Macbeth tritt auf)

LENOX: Guten Morgen, edler Herr!

MACBETH: Guten Morgen, beide!

MACDUFF: Wacht schon der König, würd'ger Than?

MACBETH: Noch nicht.

MACDUFF: Mir gab er den Befehl, ihn früh zu wecken;
Die Zeit versäumt' ich fast.

MACBETH: Ich führ' Euch hin.

MACDUFF: Ich weiß, es ist 'ne Müh', die Euch erfreut;
Doch es ist eine Müh'.

MACBETH: Die Arbeit, die uns freut, wird zum Ergötzen.
  Hier ist die Tür.
MACDUFF: Ich bin so kühn, zu rufen;
  Nur dies ward mir befohlen.   *(Er geht ab)*
LENOX: Reist der König
  Heut ab?
MACBETH: So ist's; er hat es so bestimmt.
LENOX: Die Nacht war stürmisch; wo wir schliefen, heult' es
  Den Schlot herab; und wie man sagt, erscholl
  Ein Wimmern in der Luft, ein Todesstöhnen,
  Ein Prophezein in fürchterlichem Laut,
  Von wildem Brand und gräßlichen Geschichten,
  Neu ausgebrütet einer Zeit des Leidens.
  Der dunkle Vogel schrie die ganze Nacht durch:
  Man sagt, die Erde bebte fieberkrank.
MACBETH: Es war 'ne rauhe Nacht.
LENOX: Mein jugendlich Gedächtnis sucht umsonst
  Nach ihres Gleichen. *(Macduff kommt von oben herunter)*
MACDUFF: O Grausen! Grausen! Grausen! Zung' und Herz
  Faßt es nicht, nennt es nicht!
MACBETH UND LENOX: Was ist geschehn?
MACDUFF: Jetzt hat die Höll' ihr Meisterstück gemacht!
  Der kirchenräuberische Mord brach auf
  Des Herrn geweihten Tempel und stahl weg
  Das Leben aus dem Heiligtum.
MACBETH: Was sagt Ihr?
  Das Leben?
LENOX: Meint Ihr Seine Majestät?
MACDUFF: Geht ein zur Kammer und zerstört die Sehkraft
  Durch eine neue Gorgo! Verlangt nicht, daß ich spreche;
  Seht! und dann redet selbst! Erwacht! Erwacht!
              (Macbeth und Lenox gehen ab)
  Die Sturmglock' angeschlagen! Mord! Verrat!
  Banquo und Donalbain! Malcolm! Erwacht!
  Werft ab den flaum'gen Schlaf, des Todes Abbild,

Und seht ihn selbst, den Tod! – Auf, auf, und schaut
Des Weltgerichtes Vorspiel! – Malcolm! Banquo!
Steigt wie aus eurem Grab! wie Geister schreitet,
Als Grau'ngefolge diesen Mord zu schaun!
Die Glocken stürmt!

(Lady Macbeth tritt auf)

LADY MACBETH: Was ist denn vorgefallen,
Daß solche schreckliche Trompete ruft
Zum Rat die Schläfer dieses Hauses? Sprecht!

MACDUFF: O zarte Frau,
    Ihr dürft nicht hören, was ich sagen könnte.
    Vor eines Weibes Ohr es nennen, wäre
    Ein Mord, wie Ihr's vernähmt.
    (Banquo tritt auf)   O Banquo! Banquo!
    Der König, unser Herr, ermordet!

LADY MACBETH: Wehe!
    In unserm Haus?

BANQUO: Zu grausam, wo auch immer! –
    Oh, lieber Macduff, widersprich dir selber,
    Und sag, es sei nicht so!

(Macbeth und Lenox kommen zurück)

MACBETH: Wär' ich gestorben, eine Stunde nur,
    Eh' dies geschah, gesegnet war mein Dasein!
    Von jetzt gibt es nichts Ernstes mehr im Leben:
    Alles ist Tand, gestorben Ruhm und Gnade!
    Der Lebenswein ist ausgeschenkt, nur Hefe
    Blieb noch zu prahlen dem Gewölbe.

(Malcolm und Donalbain treten auf)

DONALBAIN: Wem
    Geschah ein Leid?

MACBETH: Euch selbst, und wißt es nicht:
    Der Born, der Ursprung Eures Blutes ist
    Versiegt, die Lebensquelle selbst versiegt.

MACDUFF: Eu'r königlicher Vater ist ermordet.

MALCOLM: Ha! von wem?

LENOX: Die Kämmerlinge, scheint es, sind die Täter;
Denn Händ' und Antlitz trugen blut'ge Zeichen,
Auch ihre Dolche, die unabgewischt
Auf ihren Polstern lagen. Wie im Wahnsinn,
So starrt' ihr Auge, und es war gefährlich,
Nur ihnen nah' zu kommen.
MACBETH: Oh! jetzt bereu' ich meine Wut, daß ich
Sie niederstieß.
MACDUFF: Warum habt Ihr's getan?
MACBETH: Wer ist weis' und entsetzt, gefaßt und wütig,
Pflichttreu und kalt in *einem* Augenblick?
Kein Mensch. Die Raschheit meiner heft'gen Liebe
Lief schneller als die zögernde Vernunft. –
Duncan lag hier, die Silberhaut verbrämt
Mit seinem goldnen Blut – die offnen Wunden,
Sie waren wie ein Riß in der Natur,
Wo Untergang vernichtend einzieht; dort die Mörder,
Getaucht in ihres Handwerks Farb', die Dolche
Abscheulich von geronn'nem Blute schwarz.
Wer konnte sich da zügeln, der ein Herz
Voll Liebe hatt', und in dem Herzen Mut,
Die Liebe zu beweisen?
LADY MACBETH: Helft mir fort! –
MACDUFF: Seht nach der Lady.
MALCOLM: Weshalb schweigen wir,
Da unser Anspruch an dies Weh der nächste?
DONALBAIN: Was soll'n wir sprechen, hier, wo unser Schicksal
Herstürzen kann aus irgend einem Winkel,
Uns zu ergreifen? Fort, denn unsre Tränen
Sind noch nicht reif.
MALCOLM: Noch unser heft'ger Gram
Zum Fliehn geschickt.
BANQUO: Seht nach der Lady! –
(Lady Macbeth wird fortgeführt)
Und haben wir verhüllt der Schwäche Blößen,

Die Fassung jetzt entbehrt, treffen wir uns
Und forschen dieser blut'gen Untat nach,
Den Grund zu sehn. Uns schütteln Furcht und Zweifel;
Ich steh' in Gottes großer Hand, und so
Kämpf' ich der ungesprochnen Anmutung
Bösen Verrats entgegen.

MACBETH: So auch ich.

ALLE: Wir alle.

MACBETH: Laßt, mit Entschlossenheit gerüstet, wieder
Uns in der Halle treffen!

ALLE: Wohl, so sei's.

    (Malcolm und Donalbain bleiben; die übrigen gehn ab)

MALCOLM: Was tust du? Laß uns nicht zu ihnen halten:
Erlognen Schmerz zu zeigen, ist 'ne Kunst,
Die leicht dem Falschen wird. Ich geh' nach England.

DONALBAIN: Nach Irland ich; unser getrenntes Glück
Verwahrt uns besser. Wo wir sind, drohn Dolche
In jedes Lächeln: um so blutsverwandter,
So mehr verwandt dem Tode.

MALCOLM: Der mörderische Pfeil ist abgeschossen
Und fliegt noch; Sicherheit ist nur für uns,
Vermeiden wir das Ziel. Drum schnell zu Pferde,
Und zaudern wir nicht, jene noch zu grüßen:
Nein, heimlich fort! Nicht strafbar ist der Dieb,
Der selbst sich stiehlt, wo keine Gnad' ihm blieb.

                                 (Sie gehn ab)

Dritte Szene

VOR DEM SCHLOSS
Rosse tritt auf mit einem alten Mann

ALTER: Auf siebzig Jahr' kann ich mich gut erinnern:
In diesem Zeitraum sah ich Schreckenstage
Und wunderbare Ding', doch diese böse Nacht
Macht alles Vor'ge klein.

ROSSE: Oh, guter Vater,
  Der Himmel, sieh, als zürn' er Menschentaten.
  Dräut dieser blut'gen Bühn'. Die Uhr zeigt Tag,
  Doch dunkle Nacht erstickt die Wander-Lampe:
  Ist's Sieg der Nacht, ist es die Scham des Tages,
  Daß Finsternis der Erd' Antlitz begräbt,
  Wenn lebend Licht es küssen sollte?
ALTER: Unnatürlich,
  Wie die gescheh'ne Tat. Am letzten Dienstag
  Sah ich, wie stolzen Flugs ein Falke schwebte
  Und eine Eul' ihm nachjagt' und ihn würgte.
ROSSE: Und Duncans Rosse, seltsam ist's, doch sicher,
  So rasch und schön, die Kleinod' ihres Bluts,
  Brachen, verwildert ganz, aus ihren Ställen
  Und stürzten fort, sich sträubend dem Gehorsam,
  Als wollten Krieg sie mit den Menschen führen.
ALTER: Man sagt, daß sie einander fraßen.
ROSSE: Ja;
  Entsetzlich war's, ich hab' es selbst gesehn.
  Da kommt der edle Macduff –
                    (Macduff tritt auf)
  Nun, Herr, wie geht die Welt?
MACDUFF: Ei, seht Ihr's nicht?
ROSSE: Weiß man, wer tat die mehr als blut'ge Tat?
MACDUFF: Jene, die Macbeth tötete.
ROSSE: O Jammer!
  Was hofften sie davon?
MACDUFF: Sie waren angestiftet.
  Malcolm und Donalbain, des Königs Söhne,
  Sind heimlich fort, entflohn: dies wälzt auf sie
  Der Tat Verdacht.
ROSSE: Stets gegen die Natur:
  Verschwenderischer Ehrgeiz, so verschlingst du
  Des eignen Lebens Unterhalt! – So wird
  Die Königswürde wohl an Macbeth fallen?

MACDUFF: Er ist ernannt schon und zu seiner Krönung
   Nach Scone gegangen.
ROSSE: Wo ist Duncans Leichnam?
MACDUFF: Nach Colmes Kill führt man ihn zur heil'gen Gruft,
   Wo die Gebeine seiner Ahnen alle
   Versammelt ruhn.
ROSSE: Geht Ihr nach Scone?
MACDUFF: Nein, Vetter!
   Ich geh' nach Fife.
ROSSE: So will ich hin.
MACDUFF: Lebt wohl!
   Mag alles so geschehn, daß wir nicht sagen:
   Bequemer war der alte Rock zu tragen!   *(Er geht ab)*
ROSSE: Vater, lebt wohl!
ALTER: Gott segne Euch und den, der redlich denkt,
   Unheil zum Heil, Zwietracht zum Frieden lenkt!
                                    (Sie gehen ab)

Dritter Aufzug

Erste Szene

FORES, SAAL IM SCHLOSSE
Banquo tritt auf

BANQUO: Du hast's nun: König, Cawdor, Glamis, alles,
    Wie dir's die Zauberfrau'n versprachen; und ich fürchte,
    Du spieltest schändlich drum. Doch ward gesagt,
    Es solle nicht bei deinem Stamme bleiben;
    Ich aber sollte Wurzel sein und Vater
    Von vielen Kön'gen. Kommt von ihnen Wahrheit
    (Wie, Macbeth, ihre Wort' an dich bestät'gen),
    Warum, bei der Erfüllung, die dir ward,
    Soll'n sie nicht mein Orakel gleichfalls sein
    Und meine Hoffnung kräft'gen? Still, nichts weiter! –
(Trompeten; es treten auf Macbeth als König und Lady Macbeth
    als Königin; Lenox, Rosse, Lords, Ladys und Gefolge)
MACBETH: Hier unser höchster Gast.
LADY MACBETH: Ward er vergessen,
    War's wie ein Riß in unserm großen Fest,
    Und alles ungeziemend.
MACBETH: Herr, wir halten
    Ein feierliches Mahl heut abend, und
    Ich bitt' um Eure Gegenwart.
BANQUO: Eu'r Hoheit
    Hat zu befehlen; unauflöslich bleibt
    Für immer meine Pflicht an Euch gebunden.
MACBETH: Verreist Ihr noch den Nachmittag?
BANQUO: Ja, Herr.
MACBETH: Sonst hätten wir wohl Euren Rat gewünscht,
    Der stets voll Einsicht und ersprießlich war,
    Im Staatsrat heut; doch gönnt ihn morgen uns!
    Geht Eure Reise weit?

BANQUO: So weit, mein König,
Daß sie die Zeit von jetzt bis Abend ausfüllt;
Hält nicht mein Pferd sich gut, so muß ich wohl
Noch von der Nacht 'ne dunkle Stunde borgen.

MACBETH: Fehlt nicht bei unserm Fest.

BANQUO: Mein Fürst, ich komme.

MACBETH: Wir hören, unsre blut'gen Vettern weilen
In England und in Irland; nicht bekennend
Den grausen Vatermord, mit seltnen Märchen
Die Hörer täuschend. Doch das sei für morgen,
Da außerdem das Staatsgeschäft uns alle
Zusammen ruft. Säumt länger nicht: lebt wohl,
Bis wir zu Nacht uns sehn! Geht Fleance mit Euch?

BANQUO: Ja, teurer Herr; die Zeit mahnt uns zur Eil'.

MACBETH: Den Rossen wünsch' ich schnellen, sichern Lauf;
Besteigt sie alsobald und reiset glücklich. – *(Banquo geht ab)*
Ein jeder sei nun Herr von seinen Stunden
Bis sieben Uhr; uns die Geselligkeit
Zu würzen, sind wir bis zum Abendessen
Mit uns allein. Bis dahin Gott befohlen!
(Alle gehen ab, Macbeth bleibt)
Du da! ein Wort: sind jene Männer hier?
(Der Diener tritt ein)

DIENER: Sie harren vor dem Schloßtor, mein Gebieter.

MACBETH: Führ' sie uns vor! – *(Diener geht ab)*
Das so zu sein, ist nichts:
Doch sicher, so zu sein. – In Banquo wurzelt
Tief unsre Furcht; in seinem Königssinn
Herrscht was, das will gefürchtet sein. Viel wagt er;
Und außer diesem unerschrocknen Geist
Hat Weisheit er, die Führerin des Muts
Zum sichern Wirken. Außer ihm ist keiner,
Vor dem ich zittern muß; und unter ihm
Beugt sich mein Genius scheu, wie, nach der Sage,
Vor Cäsar Mark Antonius' Geist. Er schalt die Schwestern

Gleich, als sie mir den Namen König gaben,
Und hieß sie zu ihm sprechen; dann prophetisch
Begrüßten sie ihn Vater vieler Kön'ge.
Mein Haupt empfing die unfruchtbare Krone;
Den dürren Szepter reichten sie der Faust,
Daß eine fremde Hand ihn mir entwinde,
Kein Sohn von mir ihn erbe. Ist es so? –
Hab' ich für Banquos Stamm mein Herz befleckt,
Für sie erwürgt den gnadenreichen Duncan,
In meinen Friedensbecher Gift gegossen,
Einzig für sie; und mein unsterblich Kleinod
Dem Erbfeind aller Menschen preis gegeben,
Zu krönen sie! zu krönen Banquos Brut! –
Eh' das geschieht, komm, Schicksal, in die Schranken
Und fordre mich auf Tod und Leben! – Holla!
          (Der Diener kommt mit zwei Mördern)
Geh vor die Tür und warte, bis wir rufen. *(Der Diener geht ab)*
War's gestern nicht, da wir einander sprachen?
ERSTER MÖRDER: So war es, Majestät.
MACBETH: Gut denn, habt ihr
    Nun meinen Reden nachgedacht? So wißt,
    Daß er es eh'mals war, der euch so schwer
    Gedrückt; was, wie ihr wähntet, ich getan,
    Der völlig schuldlos. Dies bewies ich euch
    In unsrer letzten Unterredung; macht' euch klar,
    Wie man euch hinterging und kreuzte; nannt' euch
    Die Werkzeug' auch, und wer mit ihnen wirkte;
    Und alles sonst, was selbst 'ner halben Seele
    Und blödstem Sinne zurief: Das tat Banquo!
ERSTER MÖRDER: So habt Ihr's uns erklärt.
MACBETH: Ich tat es und ging weiter; deshalb nun
    Hab' ich euch wieder her beschieden. Fühlt ihr
    Geduld vorherrschend so in eurem Wesen,
    Daß ihr dies hingehn laßt? Seid ihr so fromm,
    Zu beten für den guten Mann und sein

Geschlecht, des schwere Hand zum Grab euch beugte
Und euch zu Bettlern macht' und eure Kinder?
ERSTER MÖRDER: Mein König, wird sind Männer.
MACBETH: Ja, im Verzeichnis lauft ihr mit als Männer;
Wie Jagd- und Windhund, Blendling, Wachtelhund,
Spitz, Pudel, Schäferhund und Halbwolf, alle
Der Name Hund benennt: das Rangregister
Bezeichnet erst den schnellen, trägen, klugen,
Den Hausbewacher und den Jäger, jeden
Nach seiner Eigenschaft, die ihm Natur
Liebreich geschenkt; wodurch ihm wird besondre
Bezeichnung aus der Schar, die alle gleich
Benamt: und so ist's mit dem Menschen auch.
Habt ihr nun einen Platz im Rangregister,
Und nicht den schlechtsten in der Mannheit, sprecht;
Und solches Werk vertrau' ich eurem Busen,
Dessen Vollstreckung euren Feind entrafft,
Herzinnig fest an unsre Lieb' euch schmiedet,
Da unser Wohlsein kränkelt, weil er lebt,
Das nur in seinem Tod gesundet.
ZWEITER MÖRDER: Herr,
Mit hartem Stoß und Schlag hat mich die Welt
So aufgereizt, daß mich's nicht kümmert, was
Der Welt zum Trotz ich tu'.
ERSTER MÖRDER: Und ich bin einer,
So matt von Elend, so zerzaust vom Unglück,
Daß ich mein Leben setz' auf jeden Wurf,
Es zu verbessern oder los zu werden.
MACBETH: Ihr wißt es beide, Banquo war eu'r Feind.
ZWEITER MÖRDER: Gewiß, mein Fürst.
MACBETH: So ist er meiner auch,
Und in so blut'ger Näh', daß jeder Pulsschlag
Von ihm nach meinem Herzensleben zielt.
Und obgleich meine Macht mit offnem Antlitz
Ihn löschen könnt' aus meinem Blick und frei

Mein Wort die Tat gestehn: doch darf ich's nicht,
Um manchen, der mir Freund ist so wie ihm,
Des Lieb' ich nicht kann missen; seinen Fall
Muß ich beklagen, den ich selbst erschlug:
Und darum sprech' ich euch um Beistand an,
Dem Pöbelauge das Geschäft verlarvend
Aus manchen wicht'gen Gründen.

ZWEITER MÖRDER: Wir vollziehn,
Was Ihr befehlt.

ERSTER MÖRDER: Wenn unser Leben auch –

MACBETH: Aus euren Augen leuchtet euer Mut.
In dieser Stunde spät'stens meld' ich euch,
Wo ihr euch stellt; bericht' euch aufs genau'ste
Den Augenblick; denn heut nacht muß es sein;
Und etwas ab vom Schloß: stets dran gedacht,
Daß ich muß rein erscheinen! Und mit ihm,
Um nichts nur halb und obenhin zu tun,
Muß Fleance, sein Sohn, der ihm Gesellschaft leistet,
Des Wegtun mir nicht minder wichtig ist
Als seines Vaters, das Geschick mit ihm
Der dunkeln Stunde teilen.
Entschließt euch nun für euch; gleich komm' ich wieder.

ZWEITER MÖRDER: Wir sind entschlossen, Herr.

MACBETH: So ruf' ich euch
Alsbald; verweilt da drin! Es ist entschieden:
Denkst, Banquo, du, den Himmel zu gewinnen,
Muß deine Seel' heut nacht den Flug beginnen.   *(Alle ab)*

Zweite Szene

LADY MACBETH: Ist Banquo fort vom Hof?

DIENER: Ja, Kön'gin, doch er kommt zurück heut abend.

LADY MACBETH: Dem König meld', ich lasse ihn ersuchen
    Um wen'ge Augenblicke.

DIENER: Ich gehorche. *(Er geht ab)*

LADY MACBETH: Nichts ist gewonnen, alles ist dahin,
    Stehn wir am Ziel mit unzufriednem Sinn:
    Viel sichrer, das zu sein, was wir zerstört,
    Als daß uns Mord ein schwankend Glück gewährt.

          (Macbeth tritt auf)

    Nun, teurer Freund, was bist du so allein
    Und wählst nur trübe Bilder zu Gefährten, –
    Gedanken hegend, die doch tot sein sollten,
    Wie jen', an die sie denken? Was unheilbar:
    Vergessen sei's: Geschehn ist, was geschehn.

MACBETH: Zerhackt ward nur die Schlange, nicht getötet:
    Sie heilt und bleibt dieselb', indes ihr Zahn
    Wie sonst gefährdet unsre arme Bosheit.
    Doch ehe soll der Dinge Bau zertrümmern,
    Die beiden Welten schaudern, eh' wir länger
    In Angst verzehren unser Mahl und schlafen
    In der Bedrängnis solcher grausen Träume,
    Die uns allnächtlich schütteln: Lieber bei
    Dem Toten sein, den, Frieden uns zu schaffen,
    Zum Frieden wir gesandt, als auf der Folter
    Der Seel' in ruheloser Qual zu zucken!
    Duncan ging in sein Grab,
    Sanft schläft er nach des Lebens Fieberschauern;
    Verrat, du tatst dein Ärgstes: Gift, noch Dolch,
    Einheim'sche Bosheit, fremder Anfall, nichts
    Kann ferner ihn berühren.

LADY MACBETH: Oh, laß gut sein!
   Mein liebster Mann, die Runzeln glätte weg;
   Sei froh und munter heut mit deinen Gästen!
MACBETH: Das will ich, Lieb'; und, bitte, sei es auch:
   Vor allen wend' auf Banquo deine Sorgfalt,
   Und schenk' ihm Auszeichnung mit Wort und Blick:
   Unsicher noch, sind wir genötigt, so
   Zu baden unsre Würd' in Schmeichelströmen;
   Daß unser Antlitz Larve wird des Herzens,
   Verbergend, was es ist.
LADY MACBETH: Du mußt das lassen.
MACBETH: Oh! von Skorpionen voll ist mein Gemüt:
   Du weißt, Geliebte, Banquo lebt und Fleance.
LADY MACBETH: Doch schuf Natur sie nicht für ew'ge Dauer.
MACBETH: Ja, das ist Trost; man kann noch an sie kommen:
   Drum sei du fröhlich! Eh' die Fledermaus
   Geendet ihren klösterlichen Flug,
   Eh', auf den Ruf der dunkeln Hekate,
   Der hornbeschwingte Käfer, schläfrig summend,
   Die nächt'ge Schlummerglocke hat geläutet,
   Ist eine Tat geschehn furchtbarer Art.
LADY MACBETH: Was hast du vor?
MACBETH: Unschuldig bleibe, Kind, und wisse nichts,
   Bis du der Tat kannst Beifall rufen. Komm
   Mit deiner dunklen Binde, Nacht; verschließe
   Des mitleidvollen Tages zartes Auge;
   Durchstreich' mit unsichtbarer, blut'ger Hand
   Und reiß' in Stücke jenen großen Schuldbrief,
   Der meine Wangen bleicht! – Das Licht wird trübe;
   Zum dampfenden Wald erhebt die Kräh' den Flug;
   Die Tagsgeschöpfe schläfrig niederkauern,
   Und schwarze Nachtunhold' auf Beute lauern.
   Du staunst mich an? Still! – Sündentsproßne Werke
   Erlangen nur durch Sünden Kraft und Stärke.
   So, bitte, geh mit mir!   *(Sie gehn ab)*

Dritte Szene

ERSTER MÖRDER: Wer aber hieß dich zu uns stoßen?
DRITTER MÖRDER: Macbeth.
ZWEITER MÖRDER:
Man braucht ihm nicht zu mißtraun; denn er kennt
Unser Geschäft, das man uns aufgetragen,
Und weiß genau Bescheid.
ERSTER MÖRDER: So bleib' bei uns!
Der West glimmt noch von schwachen Tagesstreifen:
Der Reiter spornt nun eil'ger durch die Dämm'rung,
Zur Schenke noch zu kommen; und schon naht
Der, den wir hier erwarten.
DRITTER MÖRDER: Pferde! – Horcht!
BANQUO *(hinter der Szene)*: Heda! Bringt Licht!
ZWEITER MÖRDER: Er muß es sein; die andern,
Die noch erwartet wurden, sind schon alle
Im Schloß.
ERSTER MÖRDER: Die Pferde machen einen Umweg.
DRITTER MÖRDER: Fast eine Meile; und er geht gewöhnlich,
Wie jeder tut, von hier bis an das Schloßtor
Zu Fuß.
        (Banquo und Fleance treten auf,
     ein Diener mit einer Fackel voran)
ZWEITER MÖRDER: Ein Licht!
DRITTER MÖRDER: Er ist es.
ERSTER MÖRDER: Macht euch dran!
BANQUO: 'S kommt Regen noch zur Nacht.
ERSTER MÖRDER: So mag er fallen! *(Ersticht Banquo)*
BANQUO: Weh mir! Verrat! Flieh', guter Fleance, flieh', flieh'!
Du kannst mein Rächer sein. – O Sklave! –
          (Banquo stirbt. Fleance und der Diener fliehn)
DRITTER MÖRDER: Wer schlug das Licht aus?

ERSTER MÖRDER: War's nicht wohl getan?
DRITTER MÖRDER: Nur *einer* liegt; der Sohn entfloh.
ZWEITER MÖRDER: So ist
  Die beste Hälfte unsrer Müh' verloren.
ERSTER MÖRDER: Gut, gehn wir denn und melden, was getan.
                                      (Sie gehn ab)

Vierte Szene
PRUNKSAAL IM SCHLOSS, GEDECKTE TAFEL
Es treten auf Macbeth, Lady Macbeth, Rosse, Lenox, Lords, Gefolge

MACBETH:
  Ihr kennt selbst euren Rang: nehmt Platz! Willkommen
  Seid ein für alle Mal!
LORDS: Dank Euer Hoheit!
MACBETH: Wir wollen uns in die Gesellschaft mischen,
  Als aufmerksamer Wirt. Die Wirtin nahm
  Schon ihren Sitz; doch mit Vergünstigung
  Ersuchen wir um ihren Gruß und Willkomm.
LADY MACBETH: Sprich ihn für mich zu allen unsern Freunden;
  Denn herzlich heiß' ich alle sie willkommen.
        (Der erste Mörder tritt zur Seitentür ein)
MACBETH: Sieh, ihres Herzens Dank kommt dir entgegen.
  Gleich voll sind beide Seiten. Hier will ich
  Mich in die Mitte setzen. Ungehemmt
  Sei nun die Lust; gleich soll der Becher kreisen. –
  Auf deiner Stirn ist Blut –
MÖRDER: So ist es Banquos.
MACBETH: Viel besser draußen an dir, als er hier drinnen.
  So ist er abgetan?
MÖRDER: Herr, seine Kehle
  Ist durchgeschnitten; – das tat ich für ihn.
MACBETH: Du bist der beste Kehlabschneider; doch
  Auch der ist gut, der das für Fleance getan;
  Warst du's, so hast du deines Gleichen nicht.

MÖRDER: Mein königlicher Herr, Fleance ist entwischt.

MACBETH: So bin ich wieder krank; sonst wär' ich stark,
Gesund wie Marmor, fest wie Fels gegründet,
Weit, allgemein, wie Luft und Windeshauch;
Doch jetzt bin ich umschränkt, gepfercht, umpfählt,
Geklemmt von niederträcht'ger Furcht und Zweifeln.
Doch Banquo ist uns sicher?

MÖRDER: Ja, teurer Herr! im Graben liegt er sicher:
In seinem Kopfe zwanzig tiefe Wunden,
Die kleinst' ein Lebenstod.

MACBETH: Nun, dafür Dank!
Da liegt
Die ausgewachsne Schlange; das entfloh'ne
Gewürm ist giftig einst, nach seiner Art;
Doch zahnlos jetzt. – Nun mach' dich fort; auf morgen
Vernehm' ich mehr. *(Mörder geht ab)*

LADY MACBETH: Mein königlicher Herr,
Ihr seid kein heitrer Wirt. Das Fest ist feil,
Wird nicht das Mahl durch Freundlichkeit gewürzt,
Durch Willkomm erst geschenkt. Man speist am besten
Daheim; doch auswärts macht die Höflichkeit
Den Wohlgeschmack der Speisen: nüchtern wäre
Gesellschaft sonst.

MACBETH: Du holde Mahnerin! –
Nun, auf die Eßlust folg' ein gut Verdauen,
Gesundheit beiden!

LENOX: Gefällt es Eurer Hoheit, sich zu setzen?
(Banquos Geist kommt und setzt sich auf Macbeths Platz)

MACBETH: Beisammen wär' uns hier des Landes Adel,
Wenn unser Freund nicht, unser Banquo, fehlte;
Doch möcht' ich lieber ihn unfreundlich schelten,
Als eines Unfalls wegen ihn bedauern.

LENOX: Da er nicht kommt, verletzt er sein Versprechen.
Gefällt's Eu'r Majestät, uns zu beglücken,
Indem Ihr Platz in unsrer Mitte nehmt?

MACBETH: Die Tafel ist voll.

LENOX: Hier ist ein Platz noch.

MACBETH: Wo?

LENOX: Hier, teurer König. Was erschreckt Eu'r Hoheit?

MACBETH: Wer von euch tat das?

LORDS: Was, mein guter Herr?

MACBETH: Du kannst nicht sagen, daß ich's tat. Oh, schüttle
Nicht deine blut'gen Locken gegen mich!

ROSSE: Steht auf, ihr Herrn, dem König ist nicht wohl.

LADY MACBETH: Bleibt sitzen, Herrn: der König ist oft so,
Und war's von Jugend an – oh, steht nicht auf!
Schnell geht der Anfall über; augenblicks
Ist er dann wohl. Beachtet ihr ihn viel,
So reizt ihr ihn, und länger währt das Übel.
Eßt, seht ihn gar nicht an! – Bist du ein Mann?

MACBETH: Ja, und ein kühner, der das wagt zu schauen,
Wovor der Teufel blaß wird.

LADY MACBETH: Schönes Zeug!
Das sind die wahren Bilder deiner Furcht;
Das ist der luft'ge Dolch, der, wie du sagtest,
Zu Duncan dich geführt! – Ha! dieses Zucken,
Dies Starr'n, Nachäffung wahren Schrecks, sie paßten
Zu einem Weibermärchen am Kamin,
Bestätigt von Großmütterchen. – Oh, schäme dich!
Was machst du für Gesichter! denn am Ende
Schaust du nur auf 'nen Stuhl.

MACBETH:
Ich bitt' dich, sieh! blick' auf! schau' an! was sagst du? –
Ha! meinethalb! Wenn du kannst nicken, sprich auch!
Wenn Grab und Beingewölb' uns wieder schickt,
Die wir begruben, sei der Schlund der Geier
Uns Totengruft! *(Der Geist geht fort)*

LADY MACBETH: Was! ganz entmannt von Torheit!

MACBETH: So wahr ich leb', ich sah ihn!

LADY MACBETH: O der Schmach!

MACBETH: Blut ward auch sonst vergossen, schon vor Alters,
Eh' menschlich Recht den frommen Staat verklärte;
Ja, auch seitdem geschah so mancher Mord,
Zu schrecklich für das Ohr: da war's Gebrauch,
Daß, war das Hirn heraus, der Mann auch starb,
Und damit gut.
Doch heutzutage stehn sie wieder auf,
Mit zwanzig Todeswunden an den Köpfen,
Und stoßen uns von unsern Stühlen: Das
Ist wohl seltsamer noch als solch ein Mord.
LADY MACBETH:
Mein König, Ihr entzieht Euch Euren Freunden.
MACBETH: Ha! ich vergaß; –
Staunt über mich nicht, meine würd'gen Freunde;
Ich hab' ein seltsam Übel, das nichts ist
Für jene, die mich kennen.
Wohlan! Lieb' und Gesundheit trink' ich allen,
Dann setz' ich mich. Ha! Wein her! voll den Becher!
(Der Geist kommt)
So trink' ich auf das Wohl der ganzen Tafel
Und Banquos, unsers Freunds, den wir vermissen.
Wär' er doch hier! Sein Wohlergehn, wie aller
Trink' ich: Ihm, Euch!
LORDS: Wir danken pflichtergeben.
MACBETH: Hinweg! – Aus meinen Augen! – Laß
Die Erde dich verbergen!
Marklos ist dein Gebein, dein Blut ist kalt;
Du hast kein Anschaun mehr in diesen Augen,
Mit denen du so stierst.
LADY MACBETH: Nehmt dies, ihr Herrn,
Als was Alltägliches: nichts weiter ist's;
Nur daß es uns des Abends Lust verdirbt.
MACBETH: Was *einer* wagt, wag' ich:
Komm du mir nah als zott'ger russ'scher Bär.
Geharn'scht Rhinozeros, hyrkan'scher Tiger –

Nimm jegliche Gestalt, nur diese nicht –
Nie werden meine festen Nerven beben.
Oder sei lebend wieder; fordre mich
In eine Wüst' aufs Schwert; verkriech' ich mich
Dann zitternd, ruf' mich aus als Dirnenpuppe!
Hinweg! gräßlicher Schatten!
Unkörperliches Blendwerk, fort! – Ha! So! –

(Geist entweicht)

Du nicht mehr da, nun bin ich wieder Mann. –
Ich bitte, steht nicht auf!

LADY MACBETH: Ihr habt die Lust
Verscheucht und die Geselligkeit gestört,
Durch höchst fremdart'ge Grillen.

MACBETH: Kann solch Wesen
An uns vorüberziehn wie Sommerwolken,
Ohn' unser mächtig Staunen? Ihr entfremdet
Mich meinem eignen Selbst, bedenk' ich jetzt,
Daß ihr anschaut Gesichte solcher Art,
Und doch die Röte eurer Wangen bleibt,
Wenn Schreck die meinen bleicht.

ROSSE: Was für Gesichte?

LADY MACBETH:
Ich bitt' Euch, sprecht nicht; er wird schlimm und schlimmer;
Fragen bringt ihn in Wut. Gut' Nacht mit eins!
Beim Weggehn haltet nicht auf euern Rang,
Geht all' zugleich!

LENOX: Wir wünschen Eurer Hoheit
Gut' Nacht, und beßres Wohl!

LADY MACBETH: Gut' Nacht euch allen!

(Alle Lords nebst Gefolge gehn ab)

MACBETH: Es fordert Blut, sagt man: Blut fordert Blut.
Man sah, daß Fels sich regt' und Bäume sprachen;
Auguren haben durch Geheimnis-Deutung
Von Elstern, Kräh'n und Dohlen ausgefunden
Den tief verborgnen Mörder. – Wie weit ist die Nacht?

LADY MACBETH:
    Im Kampf fast mit dem Tag: ob Nacht, ob Tag.
MACBETH: Was sagst du, daß Macduff zu kommen weigert
    Auf unsre Ladung?
LADY MACBETH: Sandtest du nach ihm?
MACBETH: Ich hört's von ungefähr; doch will ich senden:
    Kein einz'ger, in des Haus mir nicht bezahlt
    Ein Diener lebte. Morgen will ich hin,
    Und in der Frühe zu den Zauberschwestern:
    Sie sollen mehr mir sagen; denn gespannt
    Bin ich, das Schlimmst' auf schlimmstem Weg zu wissen.
    Zu meinem Vorteil muß sich alles fügen;
    Ich bin einmal so tief in Blut gestiegen,
    Daß, wollt' ich nun im Waten stille stehn,
    Rückkehr so schwierig wär', als durch zu gehn.
    Seltsames glüht im Kopf, es will zur Hand,
    Und muß getan sein, eh' noch recht erkannt.
LADY MACBETH: Dir fehlt die Würze aller Wesen, Schlaf.
MACBETH: Zu Bett! – Daß selbstgeschaffnes Grau'n mich quält,
    Ist Furcht des Neulings, dem die Übung fehlt: –
    Wahrlich, wir sind zu jung nur. –   *(Sie gehen ab)*

Fünfte Szene
DIE HEIDE · DONNER
Hekate kommt, die drei Hexen ihr entgegen

ERSTE HEXE: Was gibt es, Hekate, warum so zornig?
HEKATE: Ihr garst'gen Vetteln, hab' ich denn nicht recht?
    Da ihr euch, dreist und unverschämt, erfrecht
    Und treibt mit Macbeth euren Spuk,
    In Rätselkram, in Mord und Trug?
    Und ich, die Meist'rin eurer Kraft,
    Die jedes Unheil wirkt und schafft,

Mich bat man nicht um meine Gunst,
Zu Ehr' und Vorteil unsrer Kunst?
Und, schlimmer noch, uns wird kein Lohn,
Ihr dientet dem verkehrten Sohn,
Der, trotzig und voll Übermut,
Sein Werk nur, nicht das eure, tut.
Auf! bessert's noch, macht euch davon,
Trefft mich am Pfuhl des Acheron;
Dahin wird er am Morgen gehn,
Von uns sein Schicksal zu erspähn.
Mit Hexenspuk und Sprüchen seid
Und jedem Zauberkram bereit!
Ich muß zur Luft hinauf; die Nacht
Wird auf ein Unheilswerk verbracht:
Vor Mittag viel geschehn noch soll.
Ein Tropfen gift'ger Dünste voll
An einem Horn des Mondes blinkt:
Den fang' ich, eh' er niedersinkt:
Der, destilliert mit Zauberflüchen,
Ruft Geister, die mit list'gen Sprüchen
Ihn mächtig täuschen, daß Beschwörung
Ihn treibt in Wahnwitz, in Zerstörung.
Dem Tod und Schicksal sprech' er Hohn,
Nicht Gnad' und Furcht soll ihn bedrohn;
Denn, wie ihr wißt, war Sicherheit
Des Menschen Erbfeind jederzeit.
                    (Musik hinter der Szene)
Hinweg! Dort sitzt mein kleiner Geist, o schaut!
In einer dunkeln Wolk' und ruft mich laut.

          (Gesang hinter der Szene)
          Komm heran, komm heran!
          Hekate, o komm heran!

Hekate: Ich komm', ich komm', ich komme!
          So schnell ich immer kann!

So schnell ich immer kann! *(Sie geht ab)*
ERSTE HEXE: Fort, laßt uns eilen; bald kommt sie zurück.

(Sie gehn ab)

Sechste Szene

FORES, IM SCHLOSS

Lenox und ein Lord treten auf

LENOX: Mein Wort berührt nur leicht, was Ihr gedacht;
Sinnt ferner drüber nach! Ich sage nur,
Seltsam geht manches zu: der gnadenreiche Duncan
Ward von Macbeth beklagt – Nun, er war tot –
Der wackre Banquo ging zu spät noch aus –
Wollt Ihr, so könnt Ihr sagen: Fleance erschlug ihn,
Denn Fleance entfloh. – Man muß so spät nicht ausgehn.
Wer kann wohl anders, als es schändlich finden,
Daß Donalbain und Malcolm töteten
Den gnadenreichen Vater? Höll'sche Untat!
Wie grämte Macbeth sich! Erschlug er nicht
In frommer Wut die beiden Täter gleich,
Die weinbetäubt und schlafversunken waren?
War's edel nicht getan? Ja, klüglich auch;
Denn jedes Menschen Seel' hätt' es empört,
Ihr Leugnen anzuhören. Also sag' ich,
Alles verfügt' er wohl: so denk' ich auch,
Daß, hätt' er Duncans Söhne unterm Schloß
(Was, mit des Himmels Hülfe, nie geschehn soll),
Sie würden fühlen, was es sagen will,
Den Vater zu ermorden; so auch Fleance.
Doch still! für dreiste Wort', und weil er ausblieb
Beim Feste des Tyrannen, fiel Macduff
In Ungunst.
LORD: Sandte er zu Macduff hin?
LENOX: Ja; doch mit einem kurzen *»Herr, nicht ich«*

Schickt' er den finstern Boten heim; der murmelt,
Als wollt' er sagen: »Ihr bereut die Stunde,
Die mich beschwert mit dieser Antwort.«

LORD: Dien' ihm
Als Warnung das, so fern zu bleiben, wie
Ihm seine Weisheit rät. Wißt Ihr, wo Malcolm
Sich aufhält?

LENOX: Duncans Sohn, durch den Tyrannen
Beraubt des Erbrechts, lebt an Englands Hof,
Wo ihn der fromme Eduard aufgenommen,
So huldreich, daß des Glückes Bosheit nichts
Ihm raubt an Achtung. Dorthin will auch Macduff,
Des heil'gen Königs Hülfe zu erbitten,
Daß er Northumberland und Siward sende:
Damit durch ihren Beistand, nächst dem Schutz
Des Himmels, wir von neuem schaffen mögen
Den Tafeln Speis' und unsern Nächten Schlaf,
Fest und Bankett befrein von blut'gen Messern,
Mit Treuen huld'gen, freie Ehr' empfangen,
Was alles uns jetzt fehlt; und diese Nachricht
Hat so den König aufgeregt, daß er
Zum Kriege rüstet.

LORD: Flieg' ein heil'ger Engel
Voran zum Hof nach England und verkünde
Die Botschaft, eh' er kommt, daß Segen schnell
Dies Land erfreue, von verfluchter Hand
So hart gedrückt!

LENOX: Auch mein Gebet mit ihm. *(Sie gehn ab)*

Vierter Aufzug

Erste Szene
<small>EINE FINSTRE HÖLLE, IN DER MITTE IN KESSEL</small>
Donner; die drei Hexen kommen

ERSTE HEXE: Die gelbe Katz' hat drei Mal miaut.
ZWEITE HEXE: Ja, und ein Mal der Igel quiekt.
DRITTE HEXE: Die Harpye schreit: – 's ist Zeit.
ERSTE HEXE: Um den Kessel dreht euch rund,
Werft das Gift in seinen Schlund!
Kröte, die im kalten Stein
Tag' und Nächte, drei Mal neun,
Zähen Schleim im Schlaf gegoren,
Sollst zuerst im Kessel schmoren!
ALLE: Spart am Werk nicht Fleiß noch Mühe,
Feuer sprühe, Kessel glühe!
ZWEITE HEXE: Sumpf'ger Schlange Schweif und Kopf
Brat' und koch' im Zaubertopf:
Molchesaug' und Unkenzehe,
Hundemaul und Hirn der Krähe;
Zäher Saft des Bilsenkrauts,
Eidechsbein und Flaum vom Kauz:
Mächt'ger Zauber würzt die Brühe,
Höllenbrei im Kessel glühe!
ALLE: Spart am Werk nicht Fleiß noch Mühe,
Feuer sprühe, Kessel glühe!
DRITTE HEXE: Wolfeszahn und Kamm des Drachen,
Hexenmumie, Gaum und Rachen
Aus des Haifisch scharfem Schlund;
Schierlingswurz aus finsterm Grund;
Auch des Lästerjuden Lunge,
Türkennas' und Tartarzunge;
Eibenreis, vom Stamm gerissen
In des Mondes Finsternissen;

Hand des neugebornen Knaben,
Den die Metz' erwürgt im Graben,
Dich soll nun der Kessel haben.
Tigereingeweid' hinein,
Und der Brei wird fertig sein.

ALLE: Spart am Werk nicht Fleiß noch Mühe,
Feuer sprühe, Kessel glühe!

ZWEITE HEXE: Abgekühlt mit Paviansblut,
Wird der Zauber stark und gut.

(Hekate kommt)

HEKATE: So recht! ich lobe euer Walten;
Jede soll auch Lohn erhalten.
Um den Kessel tanzt und springt,
Elfen gleich den Reihen schlingt,
Und den Zaubersegen singt!

GESANG: Geister weiß und grau,
Geister rot und blau:
Rührt, rührt, rührt,
Rührt aus aller Kraft!

ZWEITE HEXE: Ha! mir juckt der Daumen schon,
Sicher naht ein Sündensohn –
Laßt ihn ein, wer mag's sein!

(Macbeth tritt auf)

MACBETH: Nun, ihr geheimen, schwarzen Nachtunholde!
Was macht ihr da?

ALLE: Ein namenloses Werk.

MACBETH: Bei dem, was ihr da treibt, beschwör' ich euch
(Wie ihr zur Kund' auch kommt), antwortet mir:
Entfesselt ihr den Sturm gleich, daß er kämpft
Gegen die Kirchen, und die schäum'gen Wogen
Vernichten und verschlingen alle Schiffahrt,
Daß reifes Korn sich legt und Wälder brechen,
Daß Burgen auf den Schloßwart nieder prasseln,
Daß Pyramiden und Paläste beugen
Bis zu dem Grund die Häupter: Müßte selbst

Der Doppellichter Pracht und Ordnung wild
Zusammen taumeln, ja, bis zur Vernichtung
Erkranken: Antwort gebt auf meine Fragen!
ERSTE HEXE: Sprich!
ZWEITE HEXE: Frag'!
DRITTE HEXE: Wir geben Antwort.
ERSTE HEXE: Hörst du's aus unserm Munde lieber, oder
   Von unsern Meistern?
MACBETH: Ruft sie, ich will sie sehn!
ERSTE HEXE: Gießt der Sau Blut, die neun Jungen
   Fraß, noch zu; werft Fett, gedrungen
   Aus des Mörders Rabenstein,
   In die Glut!
ALLE: Kommt, groß und klein!
   Seid dienstbehend' und stellt euch ein!
      (Donner. Ein bewaffnetes Haupt steigt aus dem Kessel)
MACBETH: Sprich, unbekannte Macht –
ERSTE HEXE: Er weiß dein Fragen:
   Hören mußt du, selbst nichts sagen.
DIE ERSCHEINUNG:
   Macbeth! Macbeth! Macbeth! scheu' den Macduff,
   Scheue den Than von Fife! – Laßt mich – genug!   (Versinkt)
MACBETH: Wer du auch seist, für deine Warnung Dank;
   Du trafst den wunden Fleck: – Doch noch ein Wort –
ERSTE HEXE: Er läßt sich nicht befehlen. Hier ein andrer,
   Mächt'ger als jener.
      (Donner. Ein blutiges Kind steigt aus dem Kessel)
DIE ERSCHEINUNG: Macbeth! Macbeth! Macbeth!
MACBETH: Hätt' ich drei Ohren, hört' ich dich.
DIE ERSCHEINUNG:
   Sei blutig, kühn und frech; lach' aller Toren,
   Dir schadet keiner, den ein Weib geboren:
   Kein solcher kränkt Macbeth. (Versinkt)
MACBETH: Dann leb', Macduff; was brauch' ich dich zu fürch-
   Doch mach' ich doppelt sicher Sicherheit,   [ten?

Und nehm' ein Pfand vom Schicksal: – du sollst sterben;
Dann sag' ich zu der bleichen Furcht: du lügst!
Und schlafe trotz dem Donner. –
(Donner. Ein gekröntes Kind steigt aus dem Kessel,
mit einem Baum in der Hand)
Was ist das,
Das aufsteigt wie der Sprößling eines Königs
Und um die Kindesstirn geflochten hat
Den Kranz der Majestät?

ALLE: Horch, sprich's nicht an!

DIE ERSCHEINUNG:
Sei löwenkühn und stolz; nichts darfst du scheuen,
Wer tobt, wer knirscht, und ob Verräter dräuen:
Macbeth wird nie besiegt, bis einst hinan
Der große Birnams Wald zum Dunsinan
Feindlich emporsteigt.   *(Versinkt)*

MACBETH: Das kann nimmer werden –
Wer wirbt den Wald? heißt Bäume von der Erden
Die Wurzel lösen? Wie der Spruch entzückt!
Aufruhr ist tot, bis Birnams Waldung rückt
Bergan, und unser Macbeth hochgemut
Lebt bis ans Ziel der Tage, zahlt Tribut
Nur der Natur und Zeit. –
Doch klopft mein Herz, nur eins noch zu erfahren:
Sprecht, kann mir eure Kunst dies offenbaren:
Wird Banquos Same je dies Reich regieren?

ALLE: Frag' weiter nichts!

MACBETH: Ich will befriedigt sein: versagt mir das,
Und seid verflucht auf ewig! Laßt mich wissen –   *(Hoboen)*
Warum versinkt der Kessel? Welch Getön'?

ERSTE HEXE: Erscheint!

ZWEITE HEXE: Erscheint!

DRITTE HEXE: Erscheint!

ALLE: Erscheint dem Aug' und quält den Sinn:
Wie Schatten kommt und fahrt dahin!

*(Acht Könige erscheinen und gehn über die Bühne, der letzte
trägt einen Spiegel; Banquo folgt)*
MACBETH: Du bist zu ähnlich Banquos Geist! Hinab! –
Dein Diadem brennt mir die Augen. – Und du
Mit goldumwundner Stirne gleichst dem ersten: –
Ein dritter wie der zweite – Garst'ge Hexen!
Warum zeigt ihr mir das? Ein vierter! – Blick, erstarre!
Wie! dehnt die Reih' sich bis zum Jüngsten Tag?
Und noch! – Ein siebenter! – Ich will nichts mehr sehn. –
Da kommt der achte noch, und hält 'nen Spiegel,
Der mir viel andre zeigt, und manche seh' ich,
Die zwei Reichsäpfel und drei Szepter tragen –
Furchtbarer Anblick! Ja, ich seh', 's ist wahr;
Denn lächelnd winkt der blutdurchsiebte Banquo
Und deutet auf sie hin, als auf die Seinen. –
Was, ist es so?
ERSTE HEXE: Ja, alles ist so. – Doch warum
Steht Macbeth da so starr und stumm?
Auf! zu ermuntern seinen Geist,
Ihm unsre schönsten Künste weist!
Durch Zauber tönen luft'ge Weisen;
Auf! tanzt in vielverschlungnen Kreisen!
Der König soll uns Lob gewähren,
Sein Kommen wußten wir zu ehren.
(Musik; die Hexen tanzen und verschwinden)
MACBETH: Wo sind sie? Fort? – Mag diese Unglücksstunde
Verflucht auf ewig im Kalender stehn! –
Herein, du draußen! – *(Lenox tritt auf)*
LENOX: Was befiehlt Eu'r Hoheit?
MACBETH: Sahst du die Zauberschwestern?
LENOX: Nein, mein König!
MACBETH: Sie kamen nicht vorbei?
LENOX: Gewiß nicht, Herr.
MACBETH: Verpestet sei die Luft, auf der sie fahren,
Und alle die verdammt, so ihnen trauen!
Ich hörte Pferd'galopp – wer kam vorbei?

LENOX: Zwei oder drei, Herr, die Euch Nachricht brachten,
   Daß Macduff floh nach England.
MACBETH: Floh nach England?
LENOX: Ja, gnäd'ger Herr.
MACBETH: O Zeit! vor eilst du meinem grausen Tun!
   Nie wird der flücht'ge Vorsatz eingeholt,
   Geht nicht die Tat gleich mit: Von Stund' an nun
   Sei immer meines Herzens Erstling auch
   Erstling der Hand! Und den Gedanken gleich
   Zu krönen, sei's getan, so wie gedacht:
   Die Burg Macduffs will ich jetzt überfallen;
   Fife wird erobert und dem Schwert geopfert
   Sein Weib und Kind, und alle armen Seelen
   Aus seinem Stamm. Das ist nicht Torenwut;
   Es ist getan, eh' sich erkühlt mein Blut. –
   Nur keine Geister mehr! – Wo sind die Herrn?
   Komm, führ' mich hin zu ihnen!   *(Sie gehn ab)*

Zweite Szene
FIFE, ZIMMER IN MACDUFFS SCHLOSS
Es treten auf Lady Macduff, ihr kleiner Sohn und Rosse

LADY MACDUFF: Was tat er denn, landflüchtig so zu werden?
ROSSE: Geduldig müßt Ihr sein.
LADY MACDUFF: Er war es nicht.
   Die Flucht ist Wahnsinn. Wenn nicht unsre Taten,
   Macht Furcht uns zu Verrätern.
ROSSE: Wenig wißt Ihr,
   Ob er der Weisheit oder Furcht gehorchte.
LADY MACDUFF:
   Weisheit! Sein Weib, die kleinen Kinder lassen,
   Haushalt wie seine Würden, an dem Ort,
   Von dem er selbst entflieht? Er liebt uns nicht,
   Ihm fehlt Naturgefühl: Bekämpft der schwache

Zaunkönig, dieses kleinste Vögelchen,
Die Eule doch für seine Brut im Nest.
Bei ihm ist alles Furcht, und Liebe nichts;
Nicht größer ist die Weisheit, wo die Flucht
So gegen die Vernunft rennt.

Rosse: Teure Muhme,
Ich bitte, mäßigt Euch; denn Euer Gatte
Ist edel, klug, vorsichtig, kennt am besten
Der Tage Sturm. – Nicht viel mehr darf ich sagen: –
Doch harte Zeit, wenn wir Verräter sind
Uns unbewußt, wenn uns Gerüchte ängsten,
Aus Furcht nur, doch nicht wissend, was wir fürchten,
Getrieben auf empörtem, wildem Meer,
Nach allen Seiten hin. – So lebt denn wohl!
Nicht lang', und wieder frag' ich vor bei Euch.
Was so tief sank, geht unter, oder klimmt
Zur alten Höh' empor. Mein Vetterchen,
Gott segne dich!

Lady Macduff: Er hat 'nen Vater und ist vaterlos.

Rosse: Ich bin so kindisch, daß ein längres Bleiben
Mich nur beschämen würd' und Euch entmut'gen:
Lebt wohl mit eins! *(Er geht ab)*

Lady Macduff: Nun, Freund, tot ist dein Vater:
Und was fängst du nun an? Wie willst du leben?

Sohn: Wie Vögel, Mutter.

Lady Macduff: Was, von Würmern? Fliegen?

Sohn: Nein, was ich kriegen kann: so machen sie's.

Lady Macduff: Du armer Vogel, würdest nicht das Netz,
Leimrute, Schling' und Falle fürchten.

Sohn: Wie doch?
Für arme Vögel stellt man die nicht auf. –
Mein Vater ist nicht tot, was du auch sagst.

Lady Macduff: Ja, doch; wo kriegst du nun 'nen Vater her?

Sohn: Nun, wo kriegst du 'nen Mann her?

Lady Macduff: Ei, zwanzig kauf' ich mir auf jedem Markt.

SOHN: So kaufst du sie, sie wieder zu verkaufen.

LADY MACDUFF: Du sprichst, so klug du kannst, und für dein
  Doch wahrlich klug genug.   [Alter

SOHN: War mein Vater ein Verräter, Mutter?

LADY MACDUFF: Ja, das war er.

SOHN: Was ist ein Verräter?

LADY MACDUFF: Nun, einer, der schwört und es nicht hält.

SOHN: Und sind alle Verräter, die das tun?

LADY MACDUFF: Jeder, der das tut, ist ein Verräter und muß aufgehängt werden.

SOHN: Müssen denn alle aufgehängt werden, die schwören und
  es nicht halten?

LADY MACDUFF: Ja wohl.

SOHN: Wer muß sie denn aufhängen?

LADY MACDUFF: Nun, die ehrlichen Leute.

SOHN: Dann sind die, welche schwören und es nicht halten,
  rechte Narren; denn ihrer sind so viele, daß sie die ehrlichen
  Leute schlagen könnten und aufhängen dazu.

LADY MACDUFF: Nun, Gott stehe dir bei, armes Äffchen! Aber
  was willst du nun anfangen, um einen Vater zu bekommen?

SOHN: Wenn er tot wäre, so würdest du um ihn weinen, und tä-
  test du das nicht, so wäre es ein gutes Zeichen, daß ich bald einen neuen Vater bekomme.

LADY MACDUFF: Armes Närrchen, wie du plauderst!

                    (Ein Bote tritt auf)

BOTE: Gott mit Euch, schöne Frau! Ihr kennt mich nicht,
  Doch weiß ich Euren Stand und edeln Namen.
  Ich fürchte, daß Gefahr Euch nah bedroht;
  Verschmäht Ihr nicht den Rat ’nes schlichten Mannes,
  So bleibt nicht hier: schnell fort mit Euren Kleinen!
  Euch so zu schrecken, bin ich grausam zwar;
  Doch wär’s Unmenschlichkeit, es nicht zu tun,
  Da die Gefahr so nah. Der Himmel schütz’ Euch!
  Ich darf nicht weilen. *(Er geht ab)*

LADY MACDUFF: Wohin sollt’ ich fliehn?

Ich tat nichts Böses: doch jetzt denk' ich dran,
Dies ist die ird'sche Welt, wo Böses tun
Oft löblich ist, und Gutes tun zuweilen
Schädliche Torheit heißt. Warum denn, ach,
Verlass' ich mich auf diese Frauenwaffe,
Und sag', ich tat nichts Böses? – *(Die Mörder kommen)*
Was für Gesichter?

MÖRDER: Wo ist Euer Mann?

LADY MACDUFF: Nicht, hoff' ich, an so ungeweihtem Platz,
Wo deines Gleichen ihn kann finden.

MÖRDER: Er
Ist ein Verräter.

SOHN: Du lügst, strupfköpf'ger Schurke!

MÖRDER: Was! du Ei,
Verräterbrut! *(Ersticht das Kind)*

SOHN: Er hat mich umgebracht!
Mutter, ich bitte dich, lauf fort!
        (Lady Macduff entflieht und schreit »Mord!«
        Die Mörder verfolgen sie)

Dritte Szene

ENGLAND · PARK BEIM KÖNIGLICHEN SCHLOSS
Malcolm und Macduff treten auf

MALCOLM: Laß uns 'nen stillen Schatten suchen und
Durch Tränen unser Herz erleichtern!

MACDUFF: Lieber
Laß uns, das Todesschwert ergreifend, wacker
Aufstehn für unser hingestürztes Recht!
An jedem Morgen heulen neue Witwen,
Und neue Waisen wimmern; neuer Jammer
Schlägt an des Himmels Wölbung, daß er tönt,
Als fühlt' er Schottlands Schmerz und hallte gellend
Den Klagelaut zurück.

MALCOLM: Das, was ich glaube,
  Will ich betrauern; glauben, was Ihr sagt,
  Und helfen will ich, wo ich kann, wenn Zeit
  Und Freund' ich finde. Was Ihr mir erzählt,
  Kann wohl sich so verhalten. Der Tyrann,
  Des Name schon die Zung' uns schwären macht,
  Galt einst für ehrlich: Ihr habt ihn geliebt,
  Noch kränkt' er Euch nicht. Ich bin jung, doch näher
  Könnt Ihr durch mich ihn prüfen; Weisheit ist's,
  Ein arm, unschuldig, schwaches Lamm zu opfern,
  Um einen zorn'gen Gott zu sühnen.
MACDUFF: Ich
  Bin kein Verräter.
MALCOLM: Aber Macbeth ist's.
  Auch strenge Tugend kann sich schrecken lassen
  Durch königliches Machtwort – doch verzeiht!
  Mein Denken kann das, was Ihr seid, nicht wandeln:
  Stets sind die Engel hell, fiel auch der hellste;
  Borgt' alles Schlechte auch den Schein der Gnade,
  Doch müßte Gnade wie sie selbst erscheinen.
MACDUFF: So hab' ich meine Hoffnung denn verloren!
MALCOLM: Vielleicht da, wo ich meinen Zweifel fand.
  Wie! in der Hast verließt Ihr Weib und Kind,
  So teure Pfänder, mächt'ge Liebesknoten,
  Selbst ohne Abschiednehmen? – Ich ersuch' Euch –
  Mein Mißtraun spricht nicht so, Euch zu entehren,
  Nur, mich zu sichern. Ihr könnt rein und treu sein,
  Was ich von Euch auch denke.
MACDUFF: Blute, blute,
  Du armes Vaterland!
  So lege festen Grund denn, Tyrannei,
  Rechtmäßigkeit wagt nicht, dich anzugreifen!
  Trage dein Leid, dein echter Herrscher zittert!
  Prinz, lebe wohl! Nicht möcht' ich sein der Schurke,
  Den du mich achtest, für den weiten Raum,

Den der Tyrann in seinen Klauen hält,
Zusamt dem reichen Ost.

MALCOLM: Sei nicht beleidigt!
Nicht unbedingter Argwohn sprach aus mir.
Ich glaub' es, unser Land erliegt dem Joch;
Es weint und blutet; jeder neue Tag
Schlägt neue Wunden ihm; auch glaub' ich wohl,
Daß Hände sich erhöben für mein Recht;
So bietet der huldreiche England mir
Manch wackres Tausend. Doch, bei alle dem,
Wenn ich nun tret' auf des Tyrannen Haupt,
Es trag' auf meinem Schwert, wird größre Laster
Mein armes Land noch tragen als zuvor,
Mehr dulden und auf schlimmre Art als je,
Durch den, der folgen wird.

MACDUFF: Wer wäre dieser?

MALCOLM: Mich selber mein' ich, in dem, wie ich weiß,
Die Keime aller Laster so geimpft sind,
Daß, brechen sie nun auf, der schwarze Macbeth
Rein scheint wie Schnee, und er dem armen Staat
Lammartig dünkt, vergleicht er ihn mit meiner
Maßlosen Sündlichkeit.

MACDUFF: Nicht in Legionen
Der grausen Höll' ist ein verrucht'rer Teufel,
Der Macbeth überragt.

MALCOLM: Wohl ist er blutig,
Wollüstig, geizig, falsch, betrügerisch,
Jähzornig, hämisch; schmeckt nach jeder Sünde,
Die Namen hat. Doch völlig bodenlos
Ist meine Wollust: eure Weiber, Töchter,
Jungfrau'n, Matronen könnten aus nicht füllen
Den Abgrund meiner Lust; und meine Gier
Würd' überspringen jede feste Schranke,
Die meine Willkür hemmte. Besser Macbeth,
Als daß ein solcher herrscht!

MACDUFF: Unmäß'ge Wollust
Ist wohl auch Tyrannei, und hat schon oft
Manchen beglückten Thron zu früh verwaist,
Viel Könige gestürzt. Allein deshalb
Zagt nicht, zu nehmen, was Eu'r Eigen ist:
Ihr mögt der Lust ein weites Feld gewähren
Und kalt erscheinen, Euch der Welt verhüllend:
Der will'gen Frauen gibt's genug; unmöglich
Kann solch ein Geier in Euch sein, der alle
Verschlänge, die der Hoheit gern sich opfern,
Zeigt sie ein solch Gelüst.

MALCOLM: Daneben wuchert
In meinem tief verderbten Sinn der Geiz,
So unersättlich, daß, wär' ich der König,
Räumt' ich die Edeln weg um ihre Güter;
Dem raubt' ich die Juwelen, dem das Haus;
Mehr haben wäre mir die Würzung nur,
Den Hunger mehr zu reizen; Netze strickt' ich,
Mit bösem Streit den Redlichen zu fangen,
Um Reichtum ihn vernichtend.

MACDUFF: Dieser Geiz
Steckt tiefer, schlingt verderblicher die Wurzeln
Als sommerliche Lust: er war das Schwert,
Das unsre Kön'ge schlug. Doch fürchtet nichts:
Schottland hat Reichtum g'nug, Euch zu befried'gen,
Der Euch mit Recht gehört. Dies alles ist
Erträglich, ausgesöhnt durch Tugenden.

MALCOLM: Die hab' ich nicht: – die Königstugenden,
Wahrheit, Gerechtigkeit, Starkmut, Geduld,
Ausdauer, Milde, Andacht, Gnade, Kraft,
Mäßigkeit, Demut, Tapferkeit: von allen
Ist keine Spur in mir – nein, Überfluß
An jeglichem Verbrechen, ausgeübt
In jeder Art. Ja, hätt' ich Macht, ich würde
Der Eintracht süße Milch zur Hölle gießen,

Verwandeln allen Frieden in Empörung,
Vernichten alle Einigkeit auf Erden.
MACDUFF: Oh! Schottland! Schottland!
MALCOLM: Darf nun ein solcher wohl regieren? Sprich!
Ich bin, wie ich gesagt.
MACDUFF: Regieren? Nein,
Nicht leben darf er! Oh, unsel'ges Volk!
Vom blut'gen Usurpator hingeschlachtet,
Wann doch erlebst du wieder frohe Tage?
Nie! denn der echtste Erbe deines Throns
Hat sich durch selbst gesprochnen Bann verflucht
Und brandmarkt seinen Stamm. Dein frommer Vater
War ein höchst heil'ger Fürst; die Kön'gin, die dich trug
Weit öfter auf den Knie'n als auf den Füßen,
Starb jeden Tag des Lebens. Fahre wohl!
Die Sünden, die du selbst dir zugesprochen,
Verbannten mich aus Schottland. – O mein Herz,
Dein Hoffen endet hier!
MALCOLM: Macduff, dein edler Zorn,
Das Kind der Redlichkeit, tilgt aus der Seele
Mir jeden schwarzen Argwohn; und versöhnt
Mit deiner Treu' und Ehre mein Gemüt.
Der teuflische Macbeth hat oft versucht,
Durch solche Künste mich ins Garn zu locken,
Drum schirmt vor allzu gläub'ger Hast mich Vorsicht: –
Doch Gott mag richten zwischen dir und mir!
Denn jetzt geb' ich mich ganz in deine Hände;
Die Selbstverleumdung widerruf' ich, schwöre
Die Laster ab, durch die ich mich geschmäht,
Als meinem Wesen fremd. Noch weiß ich nichts
Vom Weibe, habe nimmer falsch geschworen,
Verlangte kaum nach dem, was mir gehört!
Stets hielt ich treu mein Wort, verriete selbst
Den Satan nicht den Teufeln; Wahrheit gilt
Mir mehr als Leben: meine erste Lüge

War diese gegen mich. Mein wahres Selbst
Ist dir und meinem armen Land geweiht;
Wohin auch schon, noch eh’ du her gekommen,
Der alte Siward mit zehntausend Kriegern
Bereit stand aufzubrechen, und wir gehn
Mitsammen nun. Sei uns das Glück gewogen,
Wie unser Streit gerecht ist! – Warum schweigst du?
MACDUFF: Schwer läßt sich so Willkommnes und zugleich
So Unwillkommnes ein’gen.
MALCOLM: Gut! Mehr nachher!
(*Ein Arzt tritt auf*)
Geht heut der König aus?
ARZT: Ja, Prinz; denn viele Arme sind versammelt,
Die seine Hülf’ erwarten: ihre Krankheit
Trotzt jeder Heilkunst; doch rührt er sie an,
Hat so der Himmel seine Hand gesegnet,
Daß sie sogleich genesen.
MALCOLM: Dank Euch, Doktor. (*Der Arzt geht ab*)
MACDUFF: Was für ’ne Krankheit ist’s?
MALCOLM: Sie heißt das Übel:
Ein wundertätig Werk vom guten König,
Das ich ihn oft, seit ich in England bin,
Vollbringen sah. Wie er zum Himmel fleht,
Weiß er am besten: – Seltsam Heimgesuchte,
Voll Schwulst und Aussatz, kläglich anzuschauen,
An denen alle Kunst verzweifelt, heilt er,
’Ne goldne Münz’ um ihren Nacken hängend,
Mit heiligem Gebet; – und nach Verheißung
Wird er vererben auf die künft’gen Herrscher
Die Wundergabe. Zu der heil’gen Kraft
Hat er auch himmlischen Prophetengeist;
So steht um seinen Thron vielfacher Segen,
Ihn gottbegabt verkündend.
(*Rosse tritt auf*)

MACDUFF: Wer kommt da?

MALCOLM: Ein Landsmann, ob ich gleich ihn noch nicht kenne.

MACDUFF: Mein hochgeliebter Vetter, sei willkommen!

MALCOLM: Jetzt kenn' ich ihn: – O Gott! entferne bald,
Was uns einander fremd macht!

ROSSE: Amen, Herr!

MACDUFF: Steht's noch um Schottland so?

ROSSE: Ach! armes Land,
Das fast vor sich erschrickt! Nicht unsre Mutter
Kann es mehr heißen, sondern unser Grab:
Wo nur, wer von nichts weiß, noch etwa lächelt;
Wo Seufzen, Stöhnen, Schrei'n die Luft zerreißt,
Und keiner achtet drauf; Verzweifeln gilt
Für töricht übertreiben; keiner fragt:
»Um wen?« beim Grabgeläut'; der Wackern Leben
Welkt schneller als der Strauß auf ihrem Hut,
Sie sterben, eh' sie krank sind.

MACDUFF: O Erzählung,
Zu herb und doch zu wahr! Was ist die neuste Kränkung?

ROSSE: Wer die erzählt, die eine Stunde alt,
Wird ausgezischt; jedweder Augenblick
Zeugt eine neue.

MACDUFF: Wie steht's um mein Weib?

ROSSE: Nun, – wohl.

MACDUFF: Und meine Kinder alle?

ROSSE: Auch wohl.

MACDUFF: Nicht stürmte der Tyrann in ihren Frieden?

ROSSE: Sie waren all' in Frieden, als ich schied.

MACDUFF: Sei nicht mit Worten geizig: sprich, wie steht's?

ROSSE: Als ich fort ging, die Nachricht her zu bringen,
An der ich schwer trug, lief dort ein Gerücht,
Daß manche wackre Leute weg geräumt;
Und diesen Glauben fand ich auch bestätigt,
Weil ich im Feld sah des Tyrannen Truppen.
Nun ist zu helfen Zeit; Eu'r Aug' in Schottland

Erschüfe Krieger, trieb' in Kampf die Frauen,
Ihr Elend abzuschütteln.

MALCOLM: Sei's ihr Trost,
Daß wir schon nahn. Der güt'ge England leiht uns
Den wackern Siward und zehntausend Mann;
Ein alter Krieger, keinen bessern gibt's
In aller Christenheit.

ROSSE: Könnt' ich den Trost
Mit Trost vergelten! Doch ich habe Worte, –
Oh, würden sie in leere Luft geheult,
Wo nie ein Ohr sie faßte!

MACDUFF: Wen betrifft's?
Ist's allgemeines Weh? Ist's eigner Schmerz,
Der *einem* nur gehört?

ROSSE: Kein redlich Herz,
Das nicht mit leidet; doch der größre Teil
Ist nur für dich allein.

MACDUFF: Gehört es mir,
Enthalte mir's nicht vor; schnell laß mich's haben!

ROSSE: Dein Ohr wird meine Zunge ewig hassen,
Die's mit dem jammervollsten Ton betäubt,
Den jemals du gehört.

MACDUFF: Ha! ich errat' es.

ROSSE: Dein Schloß ist überfallen; Weib und Kinder
Grausam gewürgt: – die Art erzählen, hieße
Das Trauerspiel von deines Hauses Fall
Mit deinem Tod beschließen.

MALCOLM: Gnäd'ger Gott! –
Nein, Mann! drück' nicht den Hut so in die Augen,
Gib Worte deinem Schmerz: Gram, der nicht spricht,
Preßt das beladene Herz, bis daß es bricht.

MACDUFF: Auch meine Kinder?

ROSSE: Gattin, Kinder, Diener;
Was man nur fand.

MACDUFF: Und ich muß ferne sein!
Mein Weib gemordet auch?

ROSSE: Ich sagt' es.

MALCOLM: Faßt Euch:
Laßt uns Arznei aus mächt'ger Rache mischen,
Um dieses Todesweh zu heilen!

MACDUFF: Er
Hat keine Kinder! All die süßen Kleinen?
Alle, sagst du? – O Höllengeier! – Alle!
Was! all die holden Küchlein, samt der Mutter,
Mit einem wilden Griff?

MALCOLM: Ertragt es wie ein Mann!

MACDUFF: Das will ich auch;
Doch eben so muß wie ein Mann ich's fühlen:
Vergessen kann ich nicht, daß das gewesen,
Was mir das Liebste war. Konnte der Himmel
Es anschaun, und nicht helfen? Sünd'ger Macduff!
Für dich sind sie erschlagen! Ich Verworfner!
Für ihre Sünden nicht, nein, für die meinen
Sind sie gewürgt. Schenk' ihnen Frieden, Gott!

MALCOLM: Dies wetze scharf dein Schwert, verwandle Gram
In Zorn; erschlaffe nicht dein Herz, entflamm' es!

MACDUFF: Ich will das Weib nicht mit den Augen spielen,
Und prahlen mit der Zunge! – Doch, güt'ger Himmel,
Vernichte alle Trennung; Stirn an Stirn
Führ' diesen Teufel Schottlands mir entgegen!
Stell' ihn in meines Schwerts Bereich; entrinnt er,
Himmel, vergib ihm auch!

MALCOLM: So klingt es männlich.
Jetzt kommt zum König; fertig steht das Heer.
Es mangelt nur noch, daß wir Abschied nehmen.
Macbeth ist reif zur Ernte, und dort oben
Bereiten ew'ge Mächte schon das Messer.
Faßt frischen Mut; so lang ist keine Nacht,
Daß endlich nicht der helle Morgen lacht. *(Sie gehen ab)*

Fünfter Aufzug

Erste Szene
DUNSINAN, ZIMMER IM SCHLOSS
Es treten auf ein Arzt und eine Kammerfrau

ARZT: Zwei Nächte habe ich nun mit Euch gewacht, aber keine Bestätigung Eurer Aussage gesehen. Wann ist sie zuletzt umher gewandelt?

KAMMERFRAU: Seitdem Seine Majestät in den Krieg zogen, habe ich gesehen, wie sie aus ihrem Bett aufstand, ihr Nachtgewand umwarf, ihren Schreibtisch aufschloß, Papier nahm, es zusammen legte, schrieb, das Geschriebene las, es versiegelte, und dann wieder zu Bett ging: und die ganze Zeit im tiefen Schlafe.

ARZT: Eine große Zerrüttung der Natur: die Wohltat des Schlafes genießen, und zugleich die Geschäfte des Wachens verrichten! – In dieser schlafenden Aufregung, außer dem Umherwandeln und anderm Tun, was, irgend einmal, habt Ihr sie sprechen hören?

KAMMERFRAU: Dinge, die ich ihr nicht nachsprechen werde.

ARZT: Mir könnt Ihr's vertrauen; und es ist notwendig, daß Ihr es tut.

KAMMERFRAU: Weder Euch noch irgend jemand, da ich keine Zeugen habe, meine Aussage zu bekräftigen.

(Lady Macbeth kommt, eine Kerze in der Hand)

Seht, da kommt sie! So ist ihre Art und Weise! und, bei meinem Leben, fest im Schlaf! Beobachtet sie; steht ruhig!

ARZT: Wie kam sie zu dem Licht?

KAMMERFRAU: Das brennt neben ihrem Bett. Sie hat immer Licht: es ist ihr Befehl.

ARZT: Seht, ihre Augen sind offen.

KAMMERFRAU: Ja, aber ihre Sinne geschlossen.

ARZT: Was macht sie nun? Schaut, wie sie sich die Hände reibt!

KAMMERFRAU: Das ist ihre gewöhnliche Gebärde, daß sie tut, als wüsche sie sich die Hände; ich habe wohl gesehen, daß sie es eine Viertelstunde hintereinander tat.

LADY MACBETH: Da ist noch ein Fleck.

ARZT: Horch, sie spricht! Ich will aufschreiben, was sie sagt, um hernach meine Erinnerung daraus zu ergänzen.

LADY MACBETH: Fort, verdammter Fleck! fort, sag' ich! – Eins, zwei! Nun, dann ist es Zeit, es zu tun. – Die Hölle ist finster! – Pfui, mein Gemahl, pfui! ein Soldat und furchtsam! Was haben wir zu fürchten, wer es weiß, da niemand unsre Gewalt zur Rechenschaft ziehen darf? – Aber wer hätte gedacht, daß der alte Mann noch so viel Blut in sich hätte?

ARZT: Hört Ihr wohl?

LADY MACBETH: Der Than von Fife hatte ein Weib: Wo ist sie nun? – Wie, wollen diese Hände denn nie rein werden? – Nichts mehr davon, mein Gemahl, nichts mehr davon: du verdirbst alles mit diesem Auffahren.

ARZT: Ei, ei! Ihr habt erfahren, was Ihr nicht solltet!

KAMMERFRAU: Gesprochen hat sie, was sie nicht sollte, das ist gewiß. Gott weiß, was sie erfahren hat.

LADY MACBETH: Noch immer riecht es hier nach Blut; alle Wohlgerüche Arabiens würden diese kleine Hand nicht wohlriechend machen. Oh! oh! oh!

ARZT: Was das für ein Seufzer war! Ihr Herz ist schmerzlich beladen.

KAMMERFRAU: Ich möchte nicht ein solches Herz im Busen tragen, nicht für den Königsschmuck des ganzen Leibes!

ARZT: Gut, gut! –

KAMMERFRAU: Gebe Gott, daß es gut sei!

ARZT: Diese Krankheit liegt außer dem Gebiete meiner Kunst; aber ich habe Menschen gekannt, die im Schlaf umher wandelten, und doch fromm in ihrem Bett starben.

LADY MACBETH: Wasch' deine Hände, leg' dein Nachtkleid an; sieh doch nicht so blaß aus! – Ich sage es dir noch ein mal, Banquo ist begraben, er kann aus seiner Gruft nicht heraus kommen.

ARZT: Wirklich?

LADY MACBETH: Zu Bett, zu Bett! Es wird ans Tor geklopft. Komm, komm, komm, komm, gib mir die Hand! – Was geschehn ist, kann man nicht ungeschehn machen. – Zu Bett, zu Bett, zu Bett! *(Sie geht ab)*

ARZT: Geht sie nun zu Bett?

KAMMERFRAU: Unverzüglich.

ARZT: Von Greueln flüstert man, – und Taten unnatürlich
Erzeugen unnatürliche Zerrüttung:
Die kranke Seele will ins taube Kissen
Entladen ihr Geheimnis. Sie bedarf
Des Beicht'gers mehr noch als des Arztes. – Gott,
Vergib uns allen! Seht nach ihr; entfernt,
Womit sie sich verletzen könnt', und habt
Ein Auge stets auf sie! – So, gute Nacht!
Der Anblick hat mir Schreck und Grau'n gemacht.
Ich denk', und darf nichts sagen.

KAMMERFRAU: Nun, schlaft wohl!

(Sie gehen ab)

Zweite Szene

FELD, IN DER NÄHE VON DUNSINAN
Es treten auf mit Trommeln und Fahnen Menteth,
Cathness, Angus, Lenox, Soldaten

MENTETH: Das Heer von England naht, geführt von Malcolm,
Seinem Ohm Siward und dem guten Macduff:
Von Rache glühn sie; denn ihr herbes Leid
Erregte wohl den abgestorbnen Greis
Zu blutig grimmem Kampf.

ANGUS: Bei Birnams Wald,
Von dort her nahn sie, treffen wir sie wohl.

CATHNESS: Ob Donalbain bei seinem Bruder ist?

LENOX: Gewiß nicht, Herr; denn eine Liste hab' ich

Vom ganzen Adel. Dort ist Siwards Sohn,
Und mancher glatte Jüngling, der zuerst
Die Mannheit prüft.

MENTETH: Und was tut der Tyrann?

CATHNESS: Das mächt'ge Dunsinan befestigt er.
Toll heißt ihn mancher; wer ihn minder haßt,
Nennt's tapfre Wut; doch ist's gewiß, er kann
Den wild empörten Zustand nicht mehr schnallen
In den Gurt der Ordnung.

ANGUS: Jetzt empfindet er
Geheimen Mord, an seinen Händen klebend;
Jetzt straft Empörung stündlich seinen Treubruch;
Die er befehligt, handeln auf Befehl,
Aus Liebe nicht. Jetzt fühlt er seine Würde
Zu weit und lose, wie des Riesen Rock
Hängt um den dieb'schen Zwerg.

MENTETH: Ist es ein Wunder,
Wenn sein gequälter Sinn auffährt und schaudert?
Muß all sein Fühlen sich doch selbst verdammen,
Weil's seiner Seele eignet.

CATHNESS: Ziehn wir weiter,
Da Dienst zu weihen, wo es Lehnspflicht fordert:
Suchen wir auf das Heil des kranken Staates,
Mit ihm vergießen wir, zum Wohl des Landes,
All unser Blut.

LENOX: So viel, daß es betaut
Die Herrscherblum', ertränkt das gift'ge Kraut.
So geh' der Zug nach Birnam!   *(Sie marschieren vorüber)*

Dritte Szene

MACBETH: Bringt keine Nachricht mehr! Laßt alle fliehn:
  Bis Birnams Wald anrückt auf Dunsinan,
  Ist Furcht mir nichts. Was ist der Knabe Malcolm?
  Gebar ihn nicht ein Weib! Die Geister, welche
  All irdisch Walten kennen, prophezeiten so:
  »Sei kühn, Macbeth, kein Mann, vom Weib geboren,
  Soll je dir was anhaben.« – Flieht denn immer,
  Ihr falschen Thans, zu Englands Weichlingen: –
  Dies Herz und meinen Herrschergeist verwegen
  Dämpft Zweifel nicht und soll die Furcht nie regen.
          (Ein Diener tritt auf)
  Der Teufel brenn' dich schwarz, milchbleicher Lump!
  Wie kommst du an den Gänseblick?
DIENER: Da sind zehntausend –
MACBETH: Gänse, Schuft?
DIENER: Soldaten, Herr.
MACBETH: Reib' dein Gesicht, die Furcht zu überröten,
  Weißlebriger Hund! Was für Soldaten, Hansnarr?
  Hol' dich der Teufel! Deine Kreidewangen
  Verführen all' zur Furcht. Was für Soldaten,
  Molkengesicht?
DIENER: Erlaubt: das Heer von England.
MACBETH: Weg dein Gesicht! – Seyton! – Mir wird ganz übel,
  Seh' ich so – Seyton! Heda! – Dieser Ruck
  Kuriert auf immer oder liefert jetzt mich.
  Ich lebte lang' genug: mein Lebensweg
  Geriet ins Dürre, ins verwelkte Laub:
  Und was das hohe Alter soll begleiten,
  Gehorsam, Liebe, Ehre, Freundestrost,
  Danach darf ich nicht aussehn; doch, statt dessen
  Flüche, nicht laut, doch tief, Munddienst und Hauch,

Was gern das arme Herz mir weigern möchte,
Und wagt's nicht. Seyton! –   (Seyton kommt)
SEYTON: Was befiehlt mein Herrscher?
MACBETH: Was gibt es Neues?
SEYTON: Alles wird bestätigt,
Was das Gerücht verkündet.
MACBETH: Ich will fechten,
Bis mir das Fleisch gehackt ist von den Knochen.
Gebt meine Rüstung mir!
SEYTON: Noch tut's nicht not.
MACBETH: Ich leg' sie an.
Mehr Reiter sendet aus, durchstreift das Land:
Wer Furcht nennt, wird gehängt. – Bringt mir die Rüstung! –
Was macht die Kranke, Arzt?
ARZT: Nicht krank sowohl,
Als durch gedrängte Phantasiegebilde
Gestört, der Ruh' beraubt.
MACBETH: Heil' sie davon!
Kannst nichts ersinnen für ein krank Gemüt?
Tief wurzelnd Leid aus dem Gedächtnis reuten?
Die Qualen löschen, die ins Hirn geschrieben?
Und mit Vergessens süßem Gegengift
Die Brust entled'gen jener gift'gen Last,
Die schwer das Herz bedrückt?
ARZT: Hier muß der Kranke selbst das Mittel finden.
MACBETH:
Wirf deine Kunst den Hunden vor, ich mag sie nicht. –
Legt mir die Rüstung an; den Stab her! – Seyton,
Schick' aus! – Doktor, die Thans verlassen mich: –
Nun, mach' geschwind! – Arzt, könnt'st du meinem Land
Beschaun das Wasser, seine Krankheit finden,
Und es zum kräft'gen frühem Wohlsein rein'gen,
Wollt' ich mit deinem Lob das Echo wecken,
Daß es dein Lob weit hallte. – Weg den Riemen! –
Welche Purganz, Rhabarber, Senna führte

Wohl ab die Englischen? – Hörst du von ihnen?
ARZT: Ja, hoher König; Eure Kriegesrüstung
  Macht, daß wir davon hören.
MACBETH: Bringt's mir nach! –
  Nicht Tod und nicht Verderben ficht mich an,
  Kommt Birnams Wald nicht her zum Dunsinan!
                                    (Er geht ab)
ARZT: Wär' ich von Dunsinan mit Heil und Glück,
  So brächte mich kein Vorteil je zurück.   *(Alle ab)*

Vierte Szene
<small>FELD IN DER NÄHE VON DUNSINAN, EIN WALD IN DER FERNE</small>
Es treten auf mit Trommeln und Fahnen Malcolm, der alte Siward,
sein Sohn, Macduff, Menteth, Cathness, Angus,
Lenox, Rosse, Soldaten

MALCOLM: Vettern, die Tage, hoff' ich, sind uns nah,
  Wo Kammern sicher sind.
MENTETH: Wir zweifeln nicht.
SIWARD: Wie heißt der Wald da vor uns?
MENTETH: Birnams Wald.
MALCOLM: Ein jeder Krieger hau' sich ab 'nen Zweig,
  Und trag' ihn vor sich: so verbergen wir
  Die Truppenzahl, und irrig wird der Feind
  In seiner Schätzung.
EIN SOLDAT: Es soll gleich geschehn.
                                  (Die Soldaten gehn ab)
SIWARD: Wir hören nichts, als daß mit Zuversicht
  Sich der Tyrann auf Dunsinan befestigt
  Und die Belag'rung ausstehn will.
MALCOLM: Darauf
  Vertraut er einzig. Wo's nur möglich ist,
  Empört sich hoch und niedrig gegen ihn,
  Und niemand folgt ihm, als erzwungnes Volk,
  Das nicht von Herzen dient.

MACDUFF: Laßt bis zum Siege
Gerechten Tadel schweigen, daß wir weise
Den Kriegszug lenken!
SIWARD: Ja, es naht die Zeit,
Wo richt'ges Unterscheiden läßt erkennen,
Das, was wir schulden, was wir unser nennen:
Von schwacher Hoffnung müß'ges Grübeln spricht;
Die Schlacht sitzt ob dem Ausgang zu Gericht:
Und ihr entgegen führt den Kriegeszug!   *(Alle ab)*

Fünfte Szene
DUNSINAN, IM SCHLOSS
Mit Trommeln und Fahnen treten auf Macbeth, Seyton, Soldaten

MACBETH: Pflanzt unsre Banner auf die äußre Mauer;
Stets heißt's: »*Sie kommen.*« Unser festes Schloß
Lacht der Belag'rung: mögen sie hier liegen,
Bis Hunger sie und Krankheit aufgezehrt!
Verstärkten die sie nicht, die uns gehören,
Wir hätten, Bart an Bart, sie kühn getroffen
Und sie nach Haus gegeißelt. Welch Geschrei?
        (Weibergeschrei hinter der Szene)
SEYTON: Wehklage ist's von Weibern, gnäd'ger Herr.
MACBETH: Verloren hab' ich fast den Sinn der Furcht.
Es gab 'ne Zeit, wo kalter Schau'r mich faßte,
Wenn der Nachtvogel schrie; das ganze Haupthaar
Bei einer schrecklichen Geschicht' empor
Sich richtete, als wäre Leben drin.
Ich habe mit dem Grau'n zu Nacht gespeist;
Entsetzen, meines Mordsinns Hausgenoß,
Schreckt nun mich nimmermehr. – Weshalb das Wehschrein?
SEYTON: Die Kön'gin, Herr, ist tot.
MACBETH: Sie hätte später sterben können; – es hätte
Die Zeit sich für ein solches Wort gefunden. –

Morgen, und morgen, und dann wieder morgen,
Kriecht so mit kleinem Schritt von Tag zu Tag,
Zur letzten Sylb' auf unserm Lebensblatt;
Und alle unsre Gestern führten Narr'n
Den Pfad des stäub'gen Tods. – Aus! kleines Licht ! –
Leben ist nur ein wandelnd Schattenbild;
Ein armer Komödiant, der spreizt und knirscht
Sein Stündchen auf der Bühn', und dann nicht mehr
Vernommen wird: ein Märchen ist's, erzählt
Von einem Dummkopf, voller Klang und Wut,
Das nichts bedeutet. – *(Ein Bote kommt)*
Du hast was auf der Zunge: schnell heraus!

BOTE: Mein königlicher Herr, –
Ich sollte melden, das, was, wie ich glaube,
Ich sah; – doch wie ich's tun soll, weiß ich nicht.

MACBETH: Nun, sag's nur, Mensch!

BOTE: Als ich den Wachtdienst auf dem Hügel tat, –
Ich schau' nach Birnam zu, und, sieh, mir deucht,
Der Wald fängt an zu gehn.

MACBETH: Lügner und Sklav'! *(Er schlägt ihn)*

BOTE: Laßt Euren Zorn mich fühlen, ist's nicht so:
Drei Meilen weit könnt Ihr ihn kommen sehn;
Ein geh'nder Wald – wahrhaftig!

MACBETH: Sprichst du falsch,
Sollst du am nächsten Baum lebendig hangen,
Bis Hunger dich verschrumpft hat; sprichst du wahr,
Magst du mir meinethalb dasselbe tun. –
Einzieh' ich die Entschlossenheit, beginne
Den Doppelsinn des bösen Feinds zu merken,
Der Lüge spricht wie Wahrheit: »Fürchte nichts,
Bis Birnams Wald anrückt auf Dunsinan«; –
Und nunmehr kommt ein Wald nach Dunsinan.
Waffen nun, Waffen! und hinaus! –
Ist Wahrheit das, was seine Meldung spricht,
So ist kein Fliehn von hier, kein Bleiben nicht.

Das Sonnenlicht will schon verhaßt mir werden;
Oh! fiel' in Trümmern jetzt der Bau der Erden!
Auf! läutet Sturm! Wind, blas'! Heran, Verderben!
Den Harnisch auf dem Rücken will ich sterben.   *(Alle ab)*

Sechste Szene

VOR DEM SCHLOSS

Es treten auf mit Trommeln und Fahnen Malcolm, Siward,
die übrigen Anführer, das Heer mit Zweigen

MALCOLM: Jetzt nah genug! Werft ab die laub'gen Schirme,
Und zeigt euch, wie ihr seid! Ihr, würd'ger Oheim,
Führt mit dem Vetter, Eurem edlen Sohn,
Die erste Schar; ich und der würd'ge Macduff
Besorgen, was noch übrig ist zu tun,
Wie wir es angeordnet.
SIWARD: Lebt denn wohl! –
Zieht uns nur heut entgegen der Tyrann,
Mag er den schlagen, der nicht fechten kann!
MACDUFF: Trompeten blast, befeuert kühnen Mut,
Herolde, ruft ihr uns in Tod und Blut!
                (Alle ab. Schlachtgetümmel hinter der Szene)

Siebente Szene

EIN ANDERER TEIL DES SCHLACHTFELDES

Macbeth tritt auf

MACBETH:
Sie banden mich an den Pfahl; fliehn kann ich nicht,
Muß, wie der Bär, der Hatz entgegen kämpfen:
Wo ist er, der nicht ward vom Weib geboren?
Den fürcht' ich, keinen sonst.
                (Der junge Siward kommt)
DER JUNGE SIWARD: Wie ist dein Name?

MACBETH: Du wirst erschrecken, ihn zu hören.

DER JUNGE SIWARD: Nein!
Nennst du dich auch mit einem grimmren Namen
Als einer in der Höll'.

MACBETH: Mein Nam' ist Macbeth.

DER JUNGE SIWARD:
Der Teufel selber könnte nichts verkünden,
Verhaßter meinem Ohr.

MACBETH: Und nichts so furchtbar.

DER JUNGE SIWARD:
Abscheulicher Tyrann, du lügst! das soll
Mein Schwert dir zeigen.
(Gefecht, der junge Siward fällt)

MACBETH: Wardst vom Weib geboren. –
Der Schwerter lach' ich, spotte der Gefahr,
Womit ein Mann dräut, den ein Weib gebar.   *(Er geht ab)*
(Getümmel, Macduff kommt)

MACDUFF: Dort ist der Lärm: – Zeig' dein Gesicht, Tyrann!
Fällst du, und nicht von meinem Schwert, so werden
Mich meines Weibs, der Kinder Geister quälen;
Ich kann auf armes Kernenvolk nicht schlagen,
Die in gedungner Hand die Lanze führen.
Nur du, Macbeth, – wo nicht, kehrt schartenlos
Und ohne Tat mein Schwert zurück zur Scheide.
Dort mußt du sein; dies mächt'ge Tosen kündet,
Daß dort vom ersten Range einer kämpft.
O Glück! eins bitt' ich nur: laß mich ihn finden!   *(Er geht ab)*
(Getümmel. Malcolm und Siward kommen)

SIWARD: Hieher, mein Prinz! – Das Schloß ergab sich willig.
Auf beiden Seiten kämpft des Wüt'richs Volk;
Die edlen Thans tun wackre Kriegesdienste;
Der Tag hat sich fast schon für Euch entschieden,
Nur wenig ist zu tun.

MALCOLM: Wir trafen Feinde,
Die uns vorbei haun.

SIWARD: Kommt, Prinz, in die Festung! *(Sie gehen ab)*
(Getümmel. Macbeth kommt)
MACBETH: Weshalb sollt' ich den röm'schen Narren spielen,
Sterbend durchs eigene Schwert? Solange Leben
Noch vor mir sind, stehn denen Wunden besser.
(Macduff kommt zurück)
MACDUFF: Zu mir, du Höllenhund, zu mir!
MACBETH: Von allen Menschen mied ich dich allein:
Du, mach' dich nur zurück, mit Blut der Deinen
Ist meine Seele schon zu sehr beladen.
MACDUFF: Ich habe keine Worte, meine Stimme
Ist nur in meinem Schwert. Du Schurke, blut'ger,
Als Sprache Worte hat! *(Sie fechten)*
MACBETH: Verlorne Müh'!
So leicht magst du die unteilbare Luft
Mit scharfem Schwert durchhaun, als mich verletzen:
Auf Schädel, die verwundbar, schwing' den Stahl;
Mein Leben ist gefeit, kann nicht erliegen
Einem vom Weib Gebornen.
MACDUFF: So verzweifle
An deiner Kunst; und sage dir der Engel,
Dem du von je gedient, daß vor der Zeit
Macduff geschnitten ward aus Mutterleib!
MACBETH: Verflucht die Zunge, die mir dies verkündet,
Denn meine beste Mannheit schlägt sie nieder!
Und keiner trau' dem Gaukelspiel der Hölle,
Die uns mit doppelsinn'ger Rede äfft,
Die Wort nur hält dem Ohr mit Glückverheißung
Und es der Wahrheit bricht! – Mit dir nicht kämpf' ich.
MACDUFF: Nun, so ergib dich, Memme!
Und leb' als Wunderschauspiel für die Welt!
Wir wollen dich als seltnes Ungeheuer
Im Bild auf Stangen führen, mit der Schrift:
»Hier zeigt man den Tyrannen.«
MACBETH: Ich will mich nicht ergeben, um zu küssen

Den Boden vor des Knaben Malcolm Fuß,
Gehetzt zu werden von des Pöbels Flüchen.
Ob Birnams Wald auch kam nach Dunsinan,
Ob meinen Gegner auch kein Weib gebar,
Doch wag' ich noch das Letzte: Vor die Brust
Werf' ich den mächt'gen Schild: Nun magst dich wahren,
Wer »*Halt!*« zuerst ruft, soll zur Hölle fahren!

(Sie gehen kämpfend ab)

(Rückzug. Trompeten. Es treten auf mit Trommeln und Fahnen
Malcolm, Siward, Rosse, Lenox, Angus, Cathness, Menteth)

MALCOLM: Oh, wären lebend die vermißten Freunde!

SIWARD: Mancher muß drauf gehn; doch, so viel ich sehe,
Ist dieser große Tag wohlfeil erkauft.

MALCOLM: Vermißt wird Macduff und Eu'r edler Sohn.

ROSSE: Eu'r Sohn, Mylord, hat Kriegerschuld gezahlt:
Er lebte nur, bis er ein Mann geworden;
In seiner Kühnheit war dies kaum bewährt
Durch unverzagten Kampf in blut'ger Schlacht,
Als er starb wie ein Mann.

SIWARD: So ist er tot?

ROSSE: Ja, und getragen aus dem Feld. Eu'r Schmerz
Muß nicht nach seinem Wert gemessen werden,
Sonst wär' er endlos.

SIWARD: Hat er vorn die Wunden?

ROSSE: Ja, auf der Stirn.

SIWARD: Wohl: sei er Gottes Kriegsmann –
Hätt' ich so viele Söhn', als Haar' ich habe,
Ich wünschte keinem einen schönern Tod:
Das ist sein Grabgeläut'.

MALCOLM: Mehr Leid verdient er,
Und das vergelt' ich ihm.

SIWARD: Mehr tun ist Schwäche.
Er schied geehrt und zahlte seine Zeche;
So, Gott sei mit ihm! – Seht, den neusten Trost!

(Macduff kommt mit Macbeths Kopf)

MACDUFF: Heil, König! denn das bist du. Schau', hier steht
Des Usurpators Haupt: die Zeit ist frei.
Ich seh' umringt dich von des Reiches Perlen,
Die meinen Gruß im Herzen mit mir sprechen;
Und deren lautes Wort ich jetzt erheische:
Dem König Schottlands Heil!
ALLE: Heil, Schottlands König!
                    (Trompetenstoß)
MALCOLM: Wir wollen nicht vergeblich Zeit verschwenden,
Mit eurer Liebe einzeln abzurechnen
Und quitt mit euch zu werden. Thans und Vettern,
Hinfort seid Grafen, die zuerst in Schottland
Mit dieser Ehre prangen. Was zu tun noch,
Was nun gepflanzt muß werden mit der Zeit:
– Als Rückberufung der verbannten Freunde,
Die des Tyrannen list'ger Schling' entflohn;
Einziehn der blut'gen Schergen dieses toten
Bluthunds und seiner höll'schen Königin,
Die, wie man glaubt, gewaltsam selbst ihr Leben
Geendet, – alles, was uns sonst noch obliegt,
Das, mit der ew'gen Gnade Gnadenhort,
Vollenden wir nach Maß und Zeit und Ort.
Euch allen werd' und jedem Dank und Lohn,
Und jetzt zur Krönung lad' ich euch nach Scone.
                                        (Trompeten. Alle ab)

ANHANG

Editorische Notiz

Die vorliegenden Texte sind folgender Ausgabe entnommen: William Shakespeare: Sämtliche Werke. Übersetzt von August Wilhelm Schlegel, Ludwig Tieck u. a. Band 3. Hrsg. von Erich Löwenthal. [Heidelberg 1953].

Den Texten liegt die dritte Gesamtausgabe der Shakespeare-Übersetzungen von Ludwig Tieck und August Wilhelm Schlegel (unter Mitarbeit von Dorothea Tieck und Wolf Graf Baudissin) zugrunde, die 1843/44 in Berlin erschien. Diese zu Schlegels Lebzeiten erschienene und von ihm autorisierte Ausgabe weist gegenüber den früheren Ausgaben wichtige Verbesserungen auf.

Eindeutige Druck- und Satzfehler wurden korrigiert.

Daten zu Leben und Werk

1564

23. April: wird traditionell als Geburtstag von William Shakespeare angenommen. 26. April: Eintrag in das Taufregister von Stratford-Upon-Avon. Eltern sind der geachtete Stadtbürger und Bürgermeister John Shakespeare und Mary Arden, Tochter eines wohlhabenden Landadeligen. Neben zwei älteren Schwestern, die sehr früh starben, sind die Geschwister Gilbert (geb. 1566), Joan (geb. 1569), Anne (geb. 1571), Richard (geb. 1574) und Edmund (geb. 1580).

1569

Besuch der Lateinschule von Stratford, der King's Grammar School.

1582

November/Dezember: Heirat mit der acht Jahre älteren Anne Hathaway.

1583

26. Mai: Taufe der Tochter Susanna.

1585

2. Februar: Taufe der Zwillinge Hamnet und Judith.

1590 bis 1594

Entstehung und Aufführung der ersten Bühnenstücke – zunächst neben der Tragödie *Titus Andronicus* vor allem Komödien (*The Comedy of Errors, The Taming of the Shrew, The Two Gentlemen of Verona, Love's Labour's Lost*). Außerdem die York-Tetralogie, vier Historiendramen über das Zeitalter der Rosenkriege im 15. Jahrhundert (das dreiteilige *King Henry VI* sowie *Richard III*).

1593/94
Mehrfach Schließung der Theater wegen Pestepidemien. Während dieser Zeit Entstehung und Druck der Verserzählungen *Venus and Adonis* (1593) und *The Rape of Lucrece* (1594).

1594
Erste Erwähnung Shakespeares als Mitglied der »Lord Chamberlain's Men«, einer der führenden Schauspieltruppen, die auch am Hof der Königin spielte. Das Historiendrama *King John* entsteht.

1595–1600
Entstehung und Aufführung romantischer Komödien (*A Midsummer Night's Dream*, *The Merchant of Venice*, *Merry Wives of Windsor*, *Much Ado About Nothing*, *As You Like It*). Außerdem entsteht die Lancaster-Tetralogie, die Vorgeschichte der York-Tetralogie: *Richard II*, das zweiteilige *King Henry IV* sowie *Henry V*.

1596
11. August: Begräbnis des Sohns Hamnet.

1597
Shakespeare erwirbt das zweitgrößte Haus in Stratford.

1599
Eröffnung des Globetheaters durch die »Lord Chamberlain's Men« mit Shakespeare als Teilhaber.

1600–1607
Entstehung und Aufführung der großen Tragödien *Hamlet*, *Othello*, *King Lear* und *Macbeth*. Außerdem die Komödie *Twelfth Night* und die sogenannten »Problemstücke« *Troilus and Cressida*, *All's Well That Ends Well*, *Measure for Measure*.

1603
Durch ein königliches Patent Jacobs I. Aufwertung und Umbe-
nennung der Schauspieltruppe zu »King's Men«.

1607–1609
Die Römerdramen *Anthony and Cleopatra* und *Coriolanus* sowie die Tragödie *Timon of Athens* entstehen.

1609
Zusätzlicher Kauf des Blackfriars Theaters durch die »King's
Men«. Veröffentlichung des Gedichtbandes *Shakespeare's Son-
nets*, der auch *A Lover's Complaint* enthält, durch Thomas
Thorpe.

1609–1613
Entstehung und Aufführung der späten Stücke, der Romanzen
Pericles, *Cymbeline*, *Winter's Tale* und *The Tempest* sowie des
Historiendramas *All Is True (Henry VIII)*.

1613
März: Erwerb des Torhauses von Blackfriars. 26. Juni: Brand und
Zerstörung des Globetheaters bei einer Aufführung von *All Is
True*. Shakespeare zieht sich aus dem Londoner Theaterleben
zurück.

1616
Januar: Niederlegung eines Testaments. 23. April: Shakespeare
stirbt in Stratford. 25. April: Beisetzung in der Holy Trinity
Church, Stratford.

Aus Kindlers Literatur Lexikon:
William Shakespeare, ›König Lear‹

Die Tragödie entstand wahrscheinlich 1605 und bildet, nach *Hamlet* und *Othello* und vor *Macbeth*, die dritte der vier zentralen Tragödien in Shakespeares Werk. Für die Weihnachtsfeiern 1606 ist eine Aufführung der King's Men am Hof Jakobs I. belegt. Ihr Text liegt in zwei verschiedenen Druckfassungen vor, die auch konzeptionell unterschiedlich sind: Unter dem Titel *The History of King Lear* erschien 1608 eine Quartausgabe, die wohl auf dem Autormanuskript basiert, aber wegen unerfahrener Drucker in vielen Einzelheiten fehlerhaft und unzuverlässig wirkt. In der professioneller produzierten Folioausgabe erschien 1623 *The Tragedy of King Lear*, in der rund 300 Verse aus der früheren Version fehlen (darunter sehr signifikante Szenen, wie z. B. die schauerlich parodistische Gerichtsverhandlung in der Heide), dafür rund 100 neue Verse eingefügt sind und die wohl einer Bühnenfassung entspricht.

Hauptquelle ist das anonyme Stück *The True Chronicle History of King Leir* aus den frühen 1590er Jahren. Die historische Fabel um den alten König und seine drei Töchter, angesiedelt in Britanniens vorchristlicher Vorzeit, ist allerdings in vielen weiteren Quellen überliefert, darunter Geoffrey of Monmouths *Historia Regum Britanniae* (12. Jh.), William Warners *Albion's England* (1586) und Raphael Holinsheds *Chronicles* (2. Aufl. 1587). Die Seitenhandlung um Gloucester und seine Söhne entstammt der Prosaromanze *Arcadia* (1590) von Philip Sidney. Solchen Quellen, die einem Großteil seines Theaterpublikums bekannt gewesen sein dürften, fügt Shakespeare allerdings entscheidende dramatische Elemente wie Lears Wahnsinn oder Cordelias Tod hinzu und gestaltet so eine der düstersten Tragödien der Neuzeit, deren schockierend drastische Darbietung großer Affekte und nackter Gewalt viele Zuschauer und Leser verstörte.

Nach einem kurzen Auftakt beginnt das Stück mit einer großen Staatsaktion: Der alte Lear, König von Britannien, will sich,
da ihm die Kräfte schwinden, von der Regierungsmacht zurück-
ziehen, das Reich aufteilen und es den drei Töchtern sowie
Schwiegersöhnen stückweise zur Herrschaft überlassen. Die
beiden älteren Töchter, Goneril und Regan, sind mit den Her-
zögen von Albanien (engl. Albany) und Cornwall bereits verhei-
ratet; für die jüngste, Cordelia, stehen der König von Frankreich
und der Herzog von Burgund als Bewerber zur Wahl. Mit der
Reichsteilung, die er an einer Karte demonstriert, will Lear künf-
tigem Streit um sein Erbe vorbeugen. Doch zur Entscheidung,
wem der beste Teil des Landes zugewiesen werde, verlangt der
Vater einen rituellen Wettbewerb in öffentlicher Liebeskund-
gabe: Die Tochter, die ihn am meisten liebe, solle die reichste
Gabe erhalten. Goneril und Regan übertreffen einander in rheto-
risch-heuchlerischen Bekundungen ihrer Liebe; die tief empfin-
dende Cordelia aber äußert nur wenige Worte und möchte ihr
Verhalten für sich sprechen lassen. Wutentbrannt enterbt der Vater sie, verbannt sie aus dem Reich und seinen Lehnsmann Kent,
der für sie eintritt, gleich dazu. Ohne Mitgift, doch als Braut von
Frankreich, nimmt sie weinend Abschied.

Der weitere Verlauf folgt einer Doppelhandlung und konzen-
triert sich jeweils auf die Schicksale einer zerrütteten Familie.
Lears Plan, den Alterssitz für sich und sein Gefolge abwechselnd
bei Goneril und Regan einzunehmen, scheitert an dem immer of-
fenkundigeren Hass, den die beiden älteren Töchter ihm in
Wahrheit entgegenbringen und der sie zu immer blankeren Bosheiten treibt. Erst wird ein Diener aufgehetzt, dann das Gefolge
beschnitten, schließlich sogar das Obdach krass verweigert – und
zwar von beiden Seiten –, so dass Lear bei Unwetter und Sturm
auf die Heide hinausgetrieben wird. Begleitet wird er nur noch
von seinem Narren sowie von dem treuen Kent, der sich verkleidet hat, um seinem Herrn unerkannt weiter beizustehen, und dafür schon von Cornwall, Regans Mann, schikaniert wurde. Die
Parallelhandlung zeigt die Familie des alten Grafen Gloucester,

der zu Lears treuen Vasallen zählt. Von seinen beiden Söhnen hat Edmund, der jüngere und illegitime, da er einem väterlichen Seitensprung entstammt, eine gerissene Intrige gegen den erstgeborenen Edgar eingefädelt: Mit verleumderischen Briefen und gekonnten Szenen täuscht er den Vater und bringt ihn dazu, Edgar zu verstoßen und später gar als vermeintlichen Vatermörder zu verfolgen. Während Edmund im Haus von Regan und Cornwall ehrenvoll in Dienst genommen wird, kann Edgar auf der Flucht sein Leben nur dadurch retten, dass er einen geisteskranken Bettler spielt.

Auf der sturmumtosten Heide trifft er Lear und dessen zwei Gefährten, aber auch den eigenen Vater, der dem ausgestoßenen König helfen will und noch nicht ahnt, dass er mittlerweile selbst den Ausgestoßenen angehört. Lear, in Wut und Wahnsinn rasend, hält (in der *History* von 1608) schauerlich Gericht über seine ›Rabentöchter‹ und soll nach Dover gebracht werden, wo, wie Gloucester weiß, Cordelia mit einer französischen Armee an Land geht. Für diese Hilfe, die als Hochverrat gilt, muss Gloucester bitter leiden: Cornwall und Regan stechen ihm die Augen aus und eröffnen ihm, wie furchtbar Edmund ihn getäuscht hat. Blind taumelt Gloucester nun nach Dover, wo er sich von der Klippe stürzen will, als Edgar, den er nicht erkennt, ihm Geleit bietet und ihm suggeriert, dass sie schon an der Küste sind. Erst der vermeintliche Sprung in den Tod – in Wahrheit auf den flachen Boden – bringt Gloucester zur Reue und langsam zur Erkenntnis.

Mittlerweile überstürzen sich die Ereignisse. Cornwall ist einer Verwundung erlegen, Goneril und Regan rivalisieren eifersüchtig um Edmunds Liebe, Gloucester soll ermordet werden, was Edgar mit Mühe verhindern kann. Cordelia landet mit den Truppen und trifft endlich ihren Vater wieder, der sie, aus seinem Wahn kurzzeitig erwachend, um Vergebung bittet. In der Schlacht jedoch geraten beide in Gefangenschaft, wobei Edmund die Gelegenheit nutzt, Cordelia töten zu lassen, bevor er selbst im Zweikampf von Edgar besiegt und getötet wird. Unterdessen stirbt Gloucester an gebrochenem Herzen, die bösartigen Schwestern kommen durch Gonerils Mord und Selbstmord um. Zum Schluss wankt Lear, die ›gute‹ Tochter tot im Arm, laut klagend übers Schlachtfeld – eine an die Pietà erinnernde Szene – und hofft vergebens, dass sie noch einmal erwacht, bis auch er zusammenbricht und stirbt. Fassungslos betrachten die drei Überlebenden, Kent, Albany und Edgar, das ganze Ausmaß der Verwüstung.

In ungewöhnlicher Verbindung von archetypisch-märchenhaften Elementen – wie dem Motiv der drei ungleichen Schwestern und ihrer klaren Gut/Böse-Aufteilung – mit komplex entwickelter Charakterpsychologie – wie beim ›Bastard‹ Edmund, der seinen Geburtsmakel durch Raffinesse kompensiert – zeigt die Tragödie fast durchweg eine karge, finstere und unbehauste Welt voll archaischer Gewalten, aber ohne transzendente Hoffnung. Wie Gloucester aus seiner Figurenperspektive formuliert: »Was Fliegen sind / Den müß'gen Knaben, das sind wir den Göttern; / Sie töten uns zum Spaß.« Ungewöhnlich ist zudem die konsequente Parallelführung der tragischen Doppelhandlung: Lears patriarchale Selbstverblendung zu Beginn, deren Folgen ihn ins Leiden stürzen, korrespondiert ebenso mit Gloucesters väterlicher Fehleinschätzung wie späterhin Lears heller Wahnzustand mit Gloucesters körperlicher Blindheit, die ihn moralisch sehend macht. Kents Schutzverkleidung entspricht der irren Maske Edgars, und die ungeliebte Wahrheit, die Lear vom Narren hören muss, tritt für die wahrheitsliebende Cordelia ein, deren wahre Liebe er zu spät erkennt (beide Rollen wurden mutmaßlich vom selben Knabenschauspieler gegeben). Dabei steigert die performative Kraft der Sprache sich in Lears Ausbrüchen zu einer Wucht, dass Satzbau und Semantik unter den Affekten zu zerbrechen drohen und einer nackten Körpermacht Laut geben. Ob aller Schmerz jedoch zu einer Läuterung führt, bleibt ungewiss. In der paganen Welt des Dramas wirken letztlich die moralisch hoffnungsvollen Gesten, meist auf der Ebene der Dienerschaft, nur zeichenhaft.

Für die Bühne war die Tragödie jahrhundertelang zu erschreckend. 1681 schuf Nahum Tate eine versöhnliche Bearbeitung (in der u. a. Cordelia überlebt und Edgar heiratet), die bis Mitte des 19. Jh.s gespielt wurde. Die Titelrolle allerdings bietet seit jeher allen großen tragischen Talenten die größte Herausforderung und dominierte lange auch die Charakterdeutung der Kritik. Nach dem Zweiten Weltkrieg aber wurde das Stück neu erschlossen: In einer einflussreichen Relektüre sah Jan Kott (1959) darin ein nihilistisches Endspiel aus obdachlosen Narren, Irren, Bettlern und Blinden, was Peter Brook 1962 in einer wegweisenden Produktion in Stratford mit Paul Scofield umsetzte (in sehr veränderter Konzeption 1971 auch im Film). Gegenläufig zur existenzialistischen Deutung ist Edward Bonds Bühnenstück *Lear* (1971) als politische Parabel angelegt, die der mythischen Welt eine Methode zur Veränderung des gesellschaftlichen Feldes abgewinnen will. Vom deutschen Komponisten Aribert Reimann stammt eine kongeniale Opernversion (1978), vom japanischen Autorenfilmer Akira Kurosawa eine freie Filmbearbeitung, *Ran* (1985), verlegt ins feudale Samurai-Zeitalter.

Tobias Döring

Aus: Kindlers Literatur Lexikon. 3., völlig neu bearbeitete Auflage. Herausgegeben von Heinz Ludwig Arnold (ISBN 978-3-476-04000-8). – © der deutschsprachigen Originalausgabe 2009 J. B. Metzler'sche Verlagsbuchhandlung und Carl Ernst Poeschel Verlag, Stuttgart (in Lizenz der Kindler Verlag GmbH).

Aus Kindlers Literatur Lexikon:
William Shakespeare, ›Macbeth‹

Belegt ist erst eine Aufführung im Londoner Globe Theatre am 20. April 1611, doch uraufgeführt wurde die fünfaktige Tragödie in Vers und Prosa, die in der Folio-Ausgabe unter dem Titel *The Tragedie of Macbeth* (Die Tragödie von Macbeth) erstmals gedruckt wurde, vermutlich im Sommer 1606 am Hof Jakobs I. Die deutsche Erstaufführung fand in Biberach 1771 statt.

Macbeth ist die letzte – und kürzeste – der ›großen Tragödien‹ Shakespeares. Ob der auffallend geringe Umfang auf lückenhafte Textüberlieferung oder auf Shakespeares Bemühung um dramatische Verdichtung zurückzuführen ist, bleibt umstritten. Relative Einigkeit herrscht in der Forschung bezüglich nachträglicher Interpolationen: Coleridges Auffassung, die Pförtnerszene (II,3) sei eine geschmacklose Zutat der Schauspieler, widersprach bereits De Quincey in seinem brillanten Essay *On the Knocking at the Gate in Macbeth* (1823), und moderne Kritiker haben den thematischen Zusammenhang dieses makaber-komischen Auftritts mit den Leitmotiven der Doppeldeutigkeit und des Verrats nachgewiesen. Dagegen gelten die Lieder der Hekate-Szenen (III,5 und IV,1) allgemein als spätere Interpolationen aus Thomas Middletons Drama *The Witch* (entstanden zwischen 1609 und 1616).

Shakespeares wichtigste, vielleicht sogar einzige Quelle waren Holinsheds *Chronicles of England, Scotland and Ireland*, die schon seinen Historiendramen zugrunde lagen. Er drängt die mehr legendären als historischen Ereignisse der Regierungszeit des schottischen Königs Macbeth (1040–1057) zu einem kaum drei Monate umspannenden Geschehen zusammen. Den Mittäter Banquo aus Holinsheds *Chronicles* formt er in eine Kontrastfigur um, die, der gleichen Versuchung wie Macbeth ausgesetzt, Loyalität und Integrität bewahrt. Diese Retusche rückt den zwiespältigen Charakter des Titelhelden ins Zentrum des dramatischen Interesses und ist zugleich als Zugeständnis an den Stuartkönig Jakob I. zu verstehen, als dessen Ahnherr Banquo galt. – Dass in dem Stück den Hexen große Bedeutung zugemessen wird, darf wohl ebenfalls als Eingehen des Dichters auf die Interessen seines königlichen Patrons (Jakob verfasste 1597 eine *Dämonologie*) verstanden werden. Macbeths Schuld wird noch dadurch intensiviert, dass Shakespeares König Duncan keineswegs der unfähige Regent der Vorlage ist und dass sein Macbeth, anders als in der Vorlage, keine rechtmäßigen Thronansprüche erheben kann. So wird aus dem Chronikbericht vom politischen Machtkampf zweier Rivalen die dramatische Gestaltung des inneren Zwiespalts eines tragischen Helden, der noch in tiefer Schuldverstrickung Mitgefühl zu erwecken vermag.

In äußerst dichter Szenenreihung, die kaum durch Nebenhandlungen oder Seitenmotive aufgelockert ist, wird Macbeths Weg vom loyalen, tapferen Feldherrn zum Königsmörder, zum Verbrechen auf Verbrechen häufenden Regenten und schließlich zum Gerichteten dargestellt. Die doppeldeutigen Prophezeiungen von drei Hexen (diese als Sinnbilder für Macbeths geheime, widernatürliche Wünsche zu deuten, entspricht nicht der zeitgenössischen Vorstellung von der Hexe als einer realen Verkörperung des Bösen) erscheinen dabei ebenso wie die Einflüsterungen der ehrgeizigen Lady Macbeth als motivierende Faktoren, die zwar nicht Macbeths Schuld, wohl aber das Ausmaß seines persönlichen Verschuldens in ein ungewisses Licht rücken. Im Gegensatz zu seiner Frau mit starker Phantasie begabt und unfähig, sein Gewissen auszuschalten, ist ihm das Widernatürliche seiner Pläne und Taten schmerzhaft bewusst. Vor allem in seinen Selbstgesprächen (keine andere Tragödie Shakespeares ist so reich an Monologen) drückt sich dieser Konflikt zwischen Denken und Handeln aus. So schwankt Macbeth zwischen moralischen Skrupeln und der Faszination des Bösen, hinter dem er die Vision einer glücklicheren Zukunft zu erkennen glaubt. Doch diese Vision erweist sich stets von Neuem als trügerisch.

Nach der heimtückischen Ermordung Duncans (II,2) sieht

Macbeth den usurpierten Thron durch die beiden Königssöhne und vor allem durch den Mitwisser Banquo gefährdet. Aber auch dessen Ermordung bringt ihm nicht die ersehnte Ruhe: Banquos Sohn Fleance kann den gedungenen Mördern entkommen, und Banquos Geist sucht Macbeth während eines Banketts (III,4) heim. Als trügerisch erweist sich dann auch die letzte Prophezeiung der Hexen. Das vermeintlich Unmögliche geschieht: Der Wald von Birnam (in Wirklichkeit mit Zweigen getarnte Soldaten) rückt gegen Macbeth vor, der sich im Schloss Dunsinan vor der anrückenden Armee Malcolms, des rechtmäßigen Thronfolgers, verschanzt hat, und »der von keinem Weib geborene« Rächer erscheint in Gestalt Macduffs, der einst »aus dem Mutterleib geschnitten« wurde. Macbeth, seiner Umwelt und schließlich auch seiner Frau entfremdet (die psychisch krank stirbt), erkennt in dieser letzten Phase, dass auch seine Zukunftshoffnung nichts als leerer Wahn war, und deutet das Leben in nihilistischer Sicht als »Märchen, von einem Narren erzählt, voller Schall und Wut und ohne Bedeutung« (»a tale told by an idiot, full of sound and fury, signifying nothing«).

Die Bild- und Symbolwelt dieser Tragödie stützt und vertieft den dramatischen Vorgang. Macbeths Verbrechen erscheinen als Verstöße gegen den gesamten Kosmos, seine Blutherrschaft wird einer Krankheit gleichgesetzt, die das ganze Volk befällt und es schließlich zerstören würde, gewännen nicht die heilenden Kräfte, personifiziert im englischen König Eduard dem Bekenner (IV,3) die Oberhand. Die Hell-Dunkel-Kontraste und die Tier- und Kleidersymbolik unterstreichen den zentralen Konflikt zwischen Gut und Böse, Sein und Schein.

In der Forschung wird das Stück zumeist unter psychologischen oder politischen Aspekten analysiert, wobei etwa psychoanalytische Interpretationen, Geschlechterkonstruktionen oder die Einbettung in den zeitgenössischen politischen Kontext in den Vordergrund gestellt werden. So konnte ein Stück, in dem insgesamt zwei Könige getötet werden – der eine rechtmäßiger Herrscher, der andere ein zwar unrechtmäßiger, aber immerhin gekrönter König – durchaus Probleme aufwerfen, besonders in der Folge der Aufdeckung des katholischen ›Gunpowder Plot‹ 1605. Als Anspielung auf diesen fehlgeschlagenen Anschlag auf Jakob I. und das Parlament wird speziell der Begriff »equivocator« in der Pförtnerszene verstanden, der sich mit der jesuitischen Doktrin der Doppeldeutigkeit (»equivocation«) in Zusammenhang bringen lässt. Zudem war Jakob I. 1600 nur knapp einem Anschlag im Haus eines Gastgebers, des Earl of Gowrie, entkommen, ein Ereignis, über das Shakespeares Schauspielgruppe, die King's Men, 1604 ein Stück, die *Tragedy of Gowrie*, aufführen wollten, das verboten wurde.

Auch die Rolle der Hexen in *Macbeth* hat in der Forschung besondere Aufmerksamkeit gefunden: im Zusammenhang mit frühneuzeitlichen Debatten über Magie, aber auch bis hin zur Interpretation der Welt der Hexen als Gegenwelt innerhalb des Stücks und ihrer selbst als dessen wahren ›Heldinnen‹. In der Aufführungspraxis stehen, der Forschung entsprechend, Versionen, in denen eher die politischen Aspekte des Stücks betont werden, solchen gegenüber, die es als psychologisch motivierte Tragödie des Ehepaars Macbeth deuten. Einige Produktionen stellen dabei Macbeth, andere eher Lady Macbeth in den Vordergrund.

Macbeth zählt zu den meistgespielten Dramen Shakespeares. In England lag allerdings bis ins 19. Jh. den meisten Aufführungen William d'Avenants Bearbeitung (um 1663) im Geschmack der Restaurationszeit zugrunde. Im Gegensatz zu dieser eher opernhaften Version, in der die Hexenszenen mit Gesang und Tanz dargestellt wurden, stellte die Version D. Garricks im 18. Jh. eine dämonische Lady Macbeth als eigentliche Verbrecherin in Kontrast zu einem edlen, nur durch sie zum Mord getriebenen Macbeth. Für die Weimarer Bühne bearbeitete Schiller die Tragödie, wobei er der klassizistischen Kunstauffassung entsprechend z. B. die Pförtnerszene in ein frommes Morgenlied des Pförtners umwandelte und Macbeths Willensfreiheit gegenüber dem Einfluss der Hexen betonte.